找准企业内部优势与外部环境机会的最佳契合点，

并保持可持续发展

战略

管理

Strategic
Management

夏洪胜◎主编

暨南大学出版社
JINAN UNIVERSITY PRESS

中国·广州

图书在版编目（CIP）数据

战略管理/夏洪胜主编. —广州：暨南大学出版社，2022.9
ISBN 978 - 7 - 5668 - 3401 - 0

Ⅰ. ①战… Ⅱ. ①夏… Ⅲ. ①企业管理—战略管理 Ⅳ. ①F272.1

中国版本图书馆 CIP 数据核字（2022）第 068620 号

战略管理
ZHANLÜE GUANLI
主　编：夏洪胜

出 版 人：张晋升
责任编辑：黄文科　彭琳惠
责任校对：孙劭贤
责任印制：周一丹　郑玉婷

出版发行：暨南大学出版社（511443）
电　　话：总编室（8620）37332601
　　　　　营销部（8620）37332680　37332681　37332682　37332683
传　　真：（8620）37332660（办公室）　37332684（营销部）
网　　址：http：//www.jnupress.com
排　　版：广州尚文数码科技有限公司
印　　刷：佛山市浩文彩色印刷有限公司
开　　本：787mm×1092mm　1/16
印　　张：12.5
字　　数：243 千
版　　次：2022 年 9 月第 1 版
印　　次：2022 年 9 月第 1 次
定　　价：48.00 元

前 言

P R E F A C E

1911 年，泰勒《科学管理原理》的出版标志着管理学的诞生。至今，管理学已经走过了一百多年历程，其中，战略管理是管理学的核心内容之一。百年的实践证明，战略管理在推动人类社会进步和中国改革开放中发挥了巨大的作用。

为了让读者尽可能高效率地学习本书，笔者力求通过精练的文字表达和鲜活的案例分析，让读者在掌握基础知识的同时获得某种思维上的灵感，对解决企业实际遇到的问题有所启发，同时也获得阅读带来的轻松和愉悦。

笔者从事工商管理领域的学习、研究、教学和实践工作多年，在此过程中不断探索和思考，形成了自己的一系列观点，有些观点也成为编写本书的出发点。笔者希望能尽微薄之力，对企业的经营和发展有所帮助。

（1）战略管理的应用极为广泛，该领域的基础理论成果基本上源于以美国为主的西方国家。在战略管理领域的研究方面，我国应该将重点放在应用研究上。

（2）战略管理在很大程度上受到制度、历史、文化、技术等因素的影响。对于源自西方国家的战略管理基础理论，我们切不可以照搬照抄，而应该在"拿来"的基础上根据我国的实际情况加以修正，然后将修正后的理论运用于实践。

（3）目前，我国所用的经典教材多数是西方国家的翻译版本，不但非常厚，而且内容没有根据中国的实际情况进行调整，在学时有限的情况下，学生普遍无法学通，更谈不上应用。

（4）办企业，应该先"精"后"强"再"大"，并持续地控制风险，只有这样才能保证企业之树长青。而要做到这些，一个非常关键的因素就是对战略管理知识的正确运用。

（5）随着国际化程度的加深，我国急需一批具有系统的战略管理知识和国际化视野且深谙国情的企业家，这一群体将成为我国企业走向世界的希望。企业的中高层管理者是这一批企业家群体的预备军，因此，我们应该在我国企业的中高层管理者中努力培育这个群体。

企业是国家的经济细胞，也是国家强盛的重要标志之一。当今世界，企业间的竞争日趋激烈，我国的企业管理者要有强烈的危机意识和竞争意识，必须从人、财、物、信息、产、供、销、战略等方面全方位地提升企业的管理水平，力争打造一批世界知名和有国际影响力的中国企业，这批企业将是中国经济的基础和重要保障。

大部分企业会拿自己过去成功的案例来衡量未来的规划，这是最简单的方法，但其前提是必须考虑时空背景。时空背景也就是我们所谓的外部环境（总体环境、行业环境及竞争环境）和内部环境（资源、能力及核心竞争力）。企业必须真正了解自己与目前竞争对手及潜在竞争对手相比较的优势及劣势，同时企业也要了解外部环境所带来的机会和威胁，从而利用自己的优势结合外部环境的机会点，并依据因时空背景不同所带来的变化不断修正企业的战略，使得企业得以永续生存。

因此，战略管理的本质可以概括为——找准企业内部优势与外部环境机会的最佳契合点，并保持可持续发展。

本书的编写得到了胡中文和龚裕达两位先生的帮助，笔者在此表示感谢。

夏洪胜

2022 年 3 月

目录
CONTENTS

第一章 导 论

CHAPTER 1

秦国统一天下的战略

春秋列国争霸，战国七雄逐鹿中原，诸侯国拥兵自重，各据一方。楚国早在春秋时期，就已经占领南方大片土地，不可小觑。而到战国时期，魏、齐、赵等都有统一天下的实力和可能性。当时地处西部地区的秦国，文化落后，被中原华夏诸国视为夷狄，最后却是秦国统一了天下。

在秦国富强的过程中，秦孝公时期商鞅变法大致上还是图存图强阶段。商鞅变法成功后，秦国就开始谋划其问鼎天下的战略。特别是到了秦昭襄王时期，他采纳范雎提出的"远交近攻"战略，放弃宰相魏冉提出的隔着魏国、赵国攻打齐国的目光短浅的策略，逐步蚕食步步紧逼。虽然在战术、战法上，秦军的打法未作改变，但战略上的改变，令秦国很快吞并六国，最后完成了大一统，建立了中国历史上第一个统一的中央集权的封建王朝。

秦之所以能从一个弱小的"夷狄之国"发展为中国第一个统一的中央集权的封建王朝，究其原因，有以下几点：①统一天下的目标一直是秦国决策者坚守的核心目标，可见其具有长远战略目光；②秦国不以嫡长子继承制为核心，而是在诸子之中挑选贤能者为国君继承人；③在战国改革的浪潮驱使下，秦国任用商鞅变法，增强了国家综合实力，奠定了向外扩张的实力基础；④秦国对外界环境变化敏感，并能采用因时制宜的外交策略。前两点使秦国统一天下具有了可能性，后两点则使其具有了现实性。尤其是秦国灵活务实的外交策略，令其他各国望尘莫及，也成了引导秦国征服六国的指南针。

【资料来源：褚彦坡. 论秦国的外交战略思想 [D]. 开封：河南大学，2006】

案例启示

当今企业面临的竞争环境犹如战国七雄逐鹿中原一般残酷。企业选择的战略不同，产生的结果也截然相反。有的企业着眼于短期，为了眼前一年甚至几个月的订单而团团转：修饰财务报表，突出短期业绩等。这些行为都是在透支企业的将来，没有按照应有的节奏和步调，更没有沿着正确的方向前行。这种企业结果只有一种，像燕国、赵国、魏国、齐国等国一样，被具有战略眼光的秦国逐步吞并。这也说明光有速度是没用的，保持正确的方向才是最重要的。而有的企业则以五年为期，为企业设定一个目标，不同阶段实施不同的战略，逐步壮大规模，不断扩大市场份额，不言而喻，结果会像秦国一样，成为市场中的强者。有战略方向的公司，与没有战略方向的公司相比，优势会非常明显。因此，管理者通过学习战略管理，理解战略管理，掌握战略管理的理论和分析工具，对企业的实际状况进行准确和全面的分析，可以更好地利用外部机会，抓住市场机遇，取得巨大发展。

第一节　战略管理概述

没有战略的企业就像一艘没有舵的船，只会在原地转圈。

——乔尔·罗斯、迈克尔·卡米

战略管理是实现企业使命与目标的一系列决策和行动计划，任何行动从语义学的角度分析都会包括这样几个问题：做什么？由谁做和为谁做？怎么做？在哪里做和何时做？

——彼得·德鲁克（现代管理学之父）

一、战略管理的内涵

战略管理起源于军事活动，它应用于工商管理领域的时间还不长。早在我国春秋战国时代，孙武写成的《孙子兵法》就蕴含着丰富的战略管理思想，主要是将帅的智谋在军事领域的运用，它要解决的是一定时期内的战略攻击方向、所要达到的目标以及兵力部署等问题。到了现代，运用于工商管理领域的战略管理主要包含战略目标和战略方案，也就是制订科学的战略方案，以使企业完成其战略目标。一般来讲，战略管理是企业对未来的筹划，是一个长期和动态的过程，主要包括三个阶段：战略制定、战略实施、战略评估与控制。战略制定是在企业内外部环境分析的基础上，依据战略选择分析工具的分析结果，确定企业的使命，建立战略目标，制订能够实现目标的战略方案。战略实施是指企业采取一系列行动，例如组织结构调整、资源配置和制度建设等，以便使已制订的战略方案得以顺利执行。战略评估与控制是指企业根据内外部环境的变化，对战略进行不断调整和修正的过程，主要包括三项基本活动：①重新审视企业内外部环境；②衡量企业既定战略的业绩；③如果有偏离战略目标的行为，采取纠正措施。

根据管理大师彼得·德鲁克的观点，企业战略如果要与战略目标保持一致，必须回答两个问题：一是企业是什么？二是企业应该是什么？企业在制定战略时，必须先关注企业的内部环境和外部环境，确定企业的经营性质，再决定企业做什么事以及如何做。这些都是企业战略管理需要回答的问题。

案例 1-1

隆中对

"刘备三顾茅庐"的故事大家耳熟能详，其中诸葛亮对刘备讲的一席话（隆中对）堪称战略的典范，短短三百余字，奠定了未来三国鼎立的局面，可谓字字千钧：

"自董卓已来，豪杰并起，跨州连郡者不可胜数。曹操比于袁绍，则名微而众寡。然操遂能克绍，以弱为强者，非惟天时，抑亦人谋也。今操已拥百万之众，挟天子而令诸侯，此诚不可与争锋。孙权据有江东，已历三世，国险而民附，贤能为之用，此可以为援而不可图也。荆州北据汉、沔，利尽南海，东连吴会，西通巴蜀，此用武之国，而其主不能守，此殆天所以资将军，将军岂有意乎？益州险塞，沃野千里，天府之土，高祖因之以成帝业。刘璋暗弱，张鲁在北，民殷国富而不知存恤，智能之士思得明君。将军既帝室之胄，信义著于四海，总揽英雄，思贤如渴，若跨有荆、益，保其岩阻，西和诸戎，南抚夷越，外结好孙权，内修政理；天下有变，则命一上将将荆州之军以向宛、洛，将军身率益州之众出于秦川，百姓孰敢不箪食壶浆，以迎将军者乎？诚如是，则霸业可成，汉室可兴矣。"①

从"隆中对"中可以看出诸葛亮的战略思维，首先诸葛亮分析了刘备所处的内外部环境，制订了"若跨有荆、益，保其岩阻，西和诸戎，南抚夷越，外结好孙权，内修政理；天下有变，则命一上将将荆州之军以向宛、洛，将军身率益州之众出于秦川"的战略方案，以及"诚如是，则霸业可成，汉室可兴矣"的战略目标。

二、战略管理的原则

企业的战略要想成功实施，必须遵循以下五个原则：适应环境原则、全过程管理原则、整体最优原则、全员参与原则、反馈修正原则，见图 1-1。

---

① 陈寿. 三国志 [M]. 北京：中华书局，2007.

适应环境

反馈修正

战略管理原则

全过程
管理

全员参与

整体最优

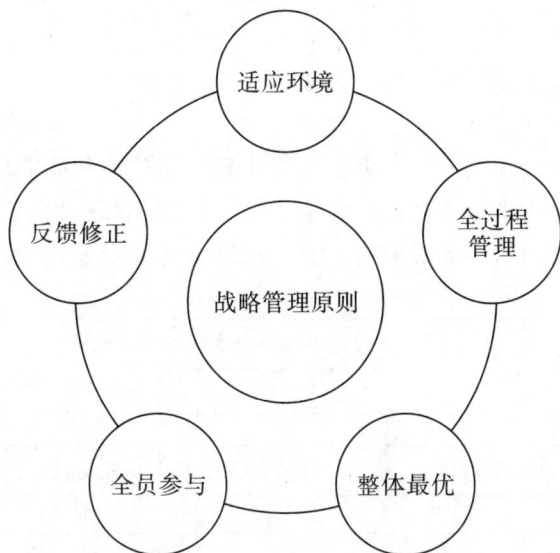

图1－1　战略管理原则

综合以上五个原则，企业进行战略分析时，战略管理原则可以归纳为"内部与外部相结合""长期与短期相结合""战略性与实操性相结合"这三大原则。这三大原则可以理解为以下几点：

（1）在内部与外部相结合方面，要把企业的发展和企业所在行业的发展紧密结合起来，做好企业在所属行业中的战略定位，并将公司使命、目标和各层次战略有机结合起来。

（2）在长期与短期相结合方面，要将企业的长期利益与短期利益相结合，具体体现在：制定企业目标时，分阶段制定目标，且尽可能量化，只有目标明确且可感知，以目标为导向的战略才能够在企业内部获得认同和支持。

（3）在战略性与实操性相结合方面，战略的制定必须符合企业内部的实际情况以及行业和地区发展的实际情况，既认清企业内部自身，又认清外部宏观环境和行业内竞争环境，这样才能将战略性与实操性有机统一。

第二节　战略管理的层次与过程

治国有大体，谋敌有大略。立大体而后纲纪正，定大略而后机变行，此不易之道也。

——陈亮（南宋思想家、文学家）

一、战略管理的层次

企业战略包括公司层战略、事业（或业务）层战略和职能层战略三个层次。位于企业顶层的管理者负责公司层战略，位于中层的管理者负责事业层战略，位于职能层的管理者负责职能层战略，图1-2就是多事业公司战略管理的层次图。

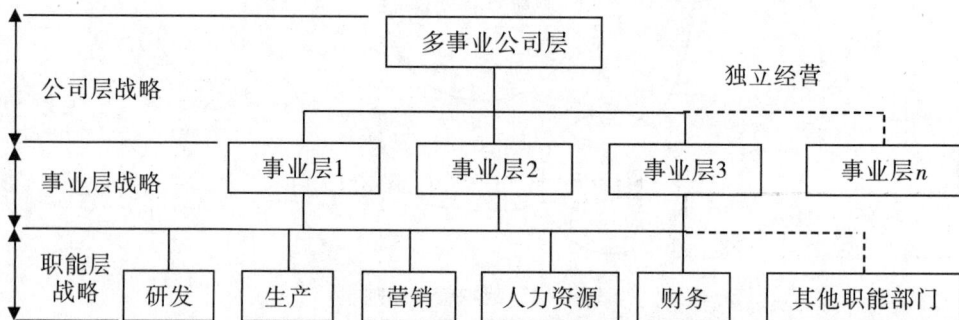

图1-2　多事业公司战略管理层次图

（一）公司层战略

公司层战略是明确整个企业的经营范围以及企业所希望开展的业务。公司层战略决定组织未来发展的方向，以及每一个事业部将在公司战略中担当的职责。

（二）事业层战略

事业层战略是指在企业制定公司层战略的基础上，进一步决定企业如何在每一项事业（或业务）上展开竞争，建立竞争优势，而竞争优势主要体现在企业别具一格的特色上。美国管理学家波特认为，没有哪家企业能够在所有的事情上都获得成功。他提出，管理者选择何种战略应取决于该战略能否给企业带来竞争优势。某些行业比其他行业具有内在的高盈利性，就会吸引更多的新加入者，并且原有的竞争对手仍留在行业内，这样行业内的竞争就会加剧，企业只有选择能够给其带来竞争优势的战略，才能在激烈的竞争中取胜。如美容行业通常被认为是高利润行业，航空行业通常是低利润行业。但即使是在低利润行业中，公司仍然可以创造大量的利润，而在高利润行业中，公司也可能遭受亏损，这其中的关键是如何开发竞争优势。

波特进一步分析指出，企业的竞争优势要么是来自比竞争对手有更低的生产或运营管理成本，要么是提供的产品或服务标新立异，抑或是集中力量专攻某些特定的细分市场。鉴于此，他认为管理者应该从以下三种竞争战略中选择其一：成本领先战略、差异化战略和集中化战略。

（三）职能层战略

职能层战略是寻求如何支持事业层战略的措施，旨在提高企业运营效率，进而提高其创新、管理水平及迅速响应客户等方面的能力。对于按职能划分部门的组织而言，例如对于研发、生产、营销、人力资源和财务部门等来说，它们的战略需要支持事业层战略，最终目标是持续提升企业的核心竞争力。

战略管理的层次性也可以用图1-3来形象地表达。

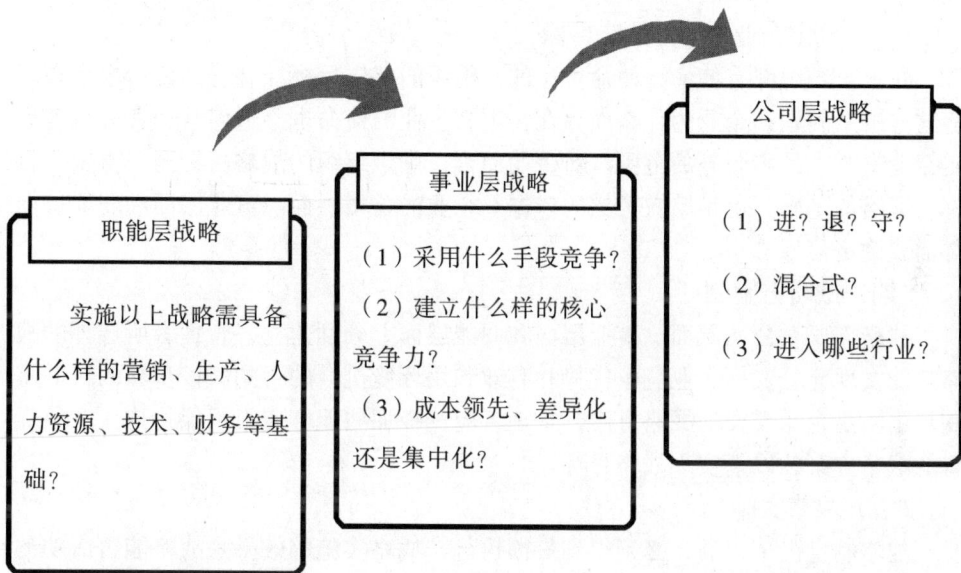

职能层战略

实施以上战略需具备什么样的营销、生产、人力资源、技术、财务等基础？

事业层战略

（1）采用什么手段竞争？

（2）建立什么样的核心竞争力？

（3）成本领先、差异化还是集中化？

公司层战略

（1）进？退？守？

（2）混合式？

（3）进入哪些行业？

图1-3 战略管理的层次性

二、战略管理的过程

战略管理的过程包含六个步骤，即环境分析、战略选择分析工具的应用、确定企业使命与战略目标、战略方案制订、战略实施、战略评估与控制。前四个步骤都是在描述战略制定过程，后两个步骤是对战略的执行、评估与控制，关系到战略的落实情况。如果管理者不能合理恰当地实施、评估与控制的话，即使制定的是最佳战略也可能面临失败的危机。

（一）环境分析

环境分析是战略管理过程的第一步，也是一个关键步骤，因为企业战略的选择范围在很大程度上是由企业所处的环境决定的，成功的战略是与环境相适应的战略。企业在进行环境分析时，首先要分析企业的外部环境，即宏观环境和行业环境，然后分析企业的内部环境。

（二）战略选择分析工具的应用

战略选择分析工具包括 SWOT 矩阵、战略定位与行动评价矩阵、BCG 矩阵、九方格矩阵、大战略矩阵、定量战略计划矩阵等。这些工具各有特点，它们从不同的角度进行分析，可以生成战略方案的集合，这也是企业战略目标和战略方案制定的基础与依据。企业可以根据自身的实际情况，选择相应的战略选择分析工具。

（三）确定企业使命与战略目标

每一个组织都有使命，使命传达的是组织的整体目标。并且，使命也是在回答这样一个问题：企业为什么而存在？定义企业的使命也会迫使管理者去清楚界定企业提供产品和服务的范围。对企业而言，确定组织的战略目标至关重要，目标是战略的基础，也是绩效考核的依据。企业的公司层面、事业层面和职能层面都需要确定目标。

（四）战略方案制订

战略需要在公司层面、事业层面和职能层面上分别建立，管理者所选择的战略应能实现充分发挥企业竞争优势和有效利用环境机会的目的。该步骤的目的是制订出满足企业需要的战略方案，管理者应选择那些能够使组织保持持久竞争优势的战略方案，以期实现战略目标。

（五）战略实施

战略制定出来以后，必须得到贯彻执行，战略实施的效果是战略能否成功的决定性因素。一个战略无论制定得多么科学，如果不能成功地实施，都等于纸上谈兵。并且，战略实施是一个自上而下的动态管理过程。所谓"自上而下"主要是指公司管理层制定战略目标后，再往下层逐层传达，并且这一总体目标在传达过程中会被分解为各子目标后再贯彻落实。所谓"动态"主要是指战略实施是一个循环往复的过程，往往需要在"分析—决策—执行—反馈—再分析—再决策—再执行"的循环过程中促成战略目标的实现。

（六）战略评估与控制

企业的内外部环境是动态变化的，这也决定了要保证战略管理过程的顺利进行，必须通过战略评估与控制体系来评估战略实施效果，以便及时发现问题并采取有效措施解决存在的问题。可见，战略评估与控制也是一个动态过程，企业根据战略评估结果，采取必要措施进行调整，不断循环。

第三节 战略管理的内容结构

为了使本书内容的逻辑结构更加清晰，以下给出战略管理的内容结构，如图1-4所示。

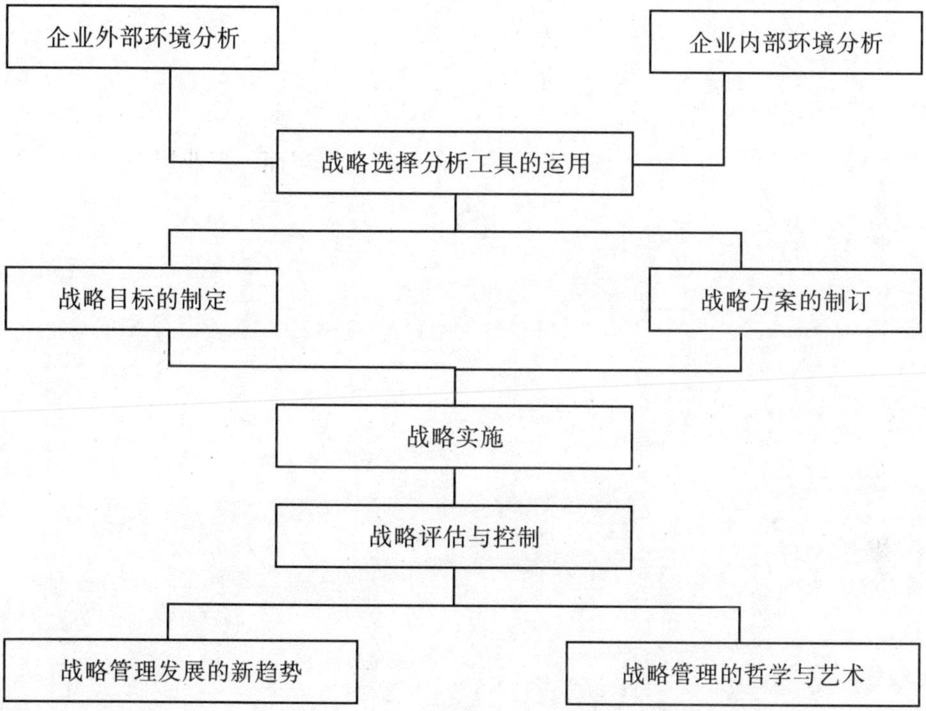

```
企业外部环境分析                    企业内部环境分析

            战略选择分析工具的运用

战略目标的制定                      战略方案的制订

            战略实施

            战略评估与控制

战略管理发展的新趋势               战略管理的哲学与艺术
```

图1-4 战略管理的内容结构

本章小结

伴随着世界经济一体化的步伐，国内市场的竞争日趋激烈，越来越多的外企到中国开拓市场，而这些外企凭借雄厚的资金和先进的管理模式，在国内很多领域已经占据优势地位，这对国内企业来说是个巨大的挑战。虽然国内很多企业都希冀能做大做强，但在现实的市场竞争中，企业面对无处不在的诱惑和陷阱，其中大多数都迷失了方向。战略管理是一门具有前瞻性的学科，为摸索中的中国企业提供了企业发展的理论框架和思维模式。

　　本章从战略管理的内涵、原则方面对战略管理进行了概述；接着阐述了战略管理按照公司管理层所影响到的不同层面依次划分为公司层战略、事业层战略及职能层战略；其后阐述了战略管理的过程，具体包括六个彼此相关的步骤，分别是环境分析、战略选择分析工具的应用、确定企业使命与战略目标、战略方案制订、战略实施、战略评估与控制；最后本章还给出了本书的内容结构图。

第二章　企业外部环境分析

CHAPTER 2

通用:"绿动未来"规划持续推进

2010年6月12日,上海通用正式发布了企业2011—2015年"绿动未来"全方位战略发展规划。

在其"绿动未来"战略规划中,经济型轿车的重要性凸显。2011—2015年,上海通用将推出12款新发动机,全部集中在1.4L~2.5L排量区间。而值得一提的是,先进的技术也将在旗下三大品牌中得到应用,从目前的豪华车、中高级车向中级车和经济型车等细分市场延伸。至2015年,上海通用不仅汽车产品油耗低、性能高,而且其生产基地也将实现低能耗、高产出的目标。

2010年,上海通用汽车投入巨资实施"绿色供应链"项目,到2015年,上海通用汽车计划带动超过300家供应商加入绿色供应链体系。上海通用为什么要持续推进"绿动未来"全方位战略发展规划?

这是因为企业所面临的外部环境发生了变化。2010年财政部等四部委联合下发《关于开展私人购买新能源汽车补贴试点的通知》,从2010年6月1日起在深圳等5个城市开展私人购买新能源汽车补贴试点工作,中央财政对试点城市私人购买、登记注册和使用的插电式混合动力乘用车及纯电动乘用车给予一次性补贴。并且明确表示,补贴标准根据动力电池组能量确定,其中纯电动乘用车每辆最高补贴6万元。此外,财政部等部委还联合下发了关于推广节能汽车的通知,将那些符合特定标准的小排量、低油耗的汽车纳入节能产品范围内,并在全国范围内开展推广工作。中央财政对消费者购买节能汽车按每辆3 000元标准给予一次性定额补贴,由生产企业在销售时直接兑付给消费者。

以上两个通知说明了上海通用所面临的外部环境发生了根本性的变化,环保已成为全球关注的焦点,"低碳"将成为国家对汽车产业的要求。上海通用率先走出了第一步,发布了上海通用2011—2015年的"绿动未来"全方位战略发展规划,这不仅反映了上海通用汽车能迅速对外部环境变化作出反应的能力,还体现了其为消费者创造美好汽车生活的决心。

【资料来源:中国商用汽车网,http://cv.ce.cn/zxz/ep/qydt/201006/22/t20100622_21535466.shtml】

────── 案例启示 ──────

本章介绍的宏观环境分析、行业环境分析和竞争对手分析,将会让我们深入了解上海通用为什么通过制定"绿动未来"来谋求进一步发展。本章不仅提供了一套分析外部环境的标准范式，而且为战略制定者提供一种在分析外部环境时可供参考的思维框架，以帮助企业正确地分析外部环境。

第一节　环境分析概述

时来天地皆同力，运去英雄不自由。

——罗隐（唐朝诗人）

企业是从事生产经营活动的组织，任何一个企业都不是在生产经营活动中孤立的，而是与周围的环境存在各种各样的联系，企业要经营发展就必须了解它所处的环境。企业所处的环境包括企业内部环境和企业外部环境，而企业外部环境又可以分为两种：宏观环境和行业环境。企业只有在熟悉外部环境和内部环境的基础上，才能明确企业未来的发展方向，为企业发展寻找机会，趋利避险，培育企业的核心竞争力，实现企业"做精、做强、做大"的宏远目标。企业环境因素分类如图 2 -1 所示。

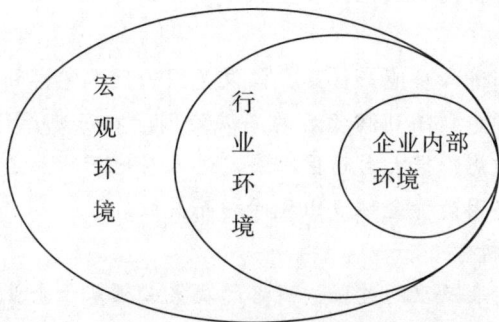

图 2 -1　企业环境因素分类

在分析企业的外部环境时，要注意以下六个方面：

（1）外部环境具有变动性。

（2）外部环境是难以预测的。

（3）外部环境是某些因素共同作用的结果。

（4）外部环境的变化不受单个企业或者组织的控制。

（5）外部环境对不同类型的企业的影响是不同的。

（6）外部环境中存在着机会和威胁。

案例 2-1

巨人失误的原因是什么？

巨人集团的失败是因为没有一套为自己"量身定做"的战略。所谓"量身定做"是指选择的战略不仅能适应企业的内外部环境，而且以企业的长期生存和稳定发展目标为依据。巨人集团的决策没有基于环境，而是孤立于现实，我们可以从以下三个方面对其失败原因进行分析：

1. 宏观环境分析

（1）房地产是一个易受宏观经济环境影响的产业，巨人集团恰恰忽视了这一点。对经济环境缺乏预测，没有前瞻性，直至国家财政政策从紧，才意识到资金链出现断裂，最终出现了财务危机。

（2）认为借钱是企业运营陷入困境的观念在一些民营企业中根深蒂固。这种与现代先进管理理念相违背的思维是众多民营企业走向衰败的原因之一。尽管有政府的资金扶持和社会资金的投入，但企业很少把借贷作为财务杠杆来使用。

（3）从银行的机制看，由于民营企业一直没有信用记录，进行风险管理的银行就会无形中因为信用问题把民营企业排除在融资体制之外。

2. 行业环境分析

从建巨人大厦到进入房地产行业，仅仅是因为巨人觉察到了房地产行业高利润的一面，并没有考虑到高利润背后的高风险因子。房地产行业生命周期独特，受国家宏观经济环境影响很大。而巨人决定进入房地产行业是盲目的，没有进行周密的计划，才最终因为资金环节出现问题而失败。

3. 内部环境分析

战略制定是个由表及里的过程，战略的决策必须基于企业的内部条件。面对迅速增长起来的资本规模和企业人员规模，巨人没有针对其进行评估和整理，高估了企业的适应能力，导致企业的管理机制和组织结构与企业的实际发展情况极不协调，从而决策难以落实，信息得不到反馈，决策进一步背离企业的内部条件。

【资料来源：长松咨询网，http://www.cs360.cn/news/qiyeguanlianli/3739/index_5.html】

第二节　宏观环境分析

市场永远不变的法则是永远在变。

——张瑞敏（海尔集团创始人）

能够生存下来的物种不是最强的，也不是最聪明的，而是最能适应变化的。

——查尔斯·达尔文

宏观环境是指存在于行业环境与企业内部环境之外的，对企业具有影响力的各种因素的总称。企业的宏观环境主要包括四方面：政治法律环境（political）、经济环境（economical）、社会文化环境（social）和技术环境（technical），也就是普遍采用的 PEST 环境分析模型所包含的主要内容，如图 2－2 所示。

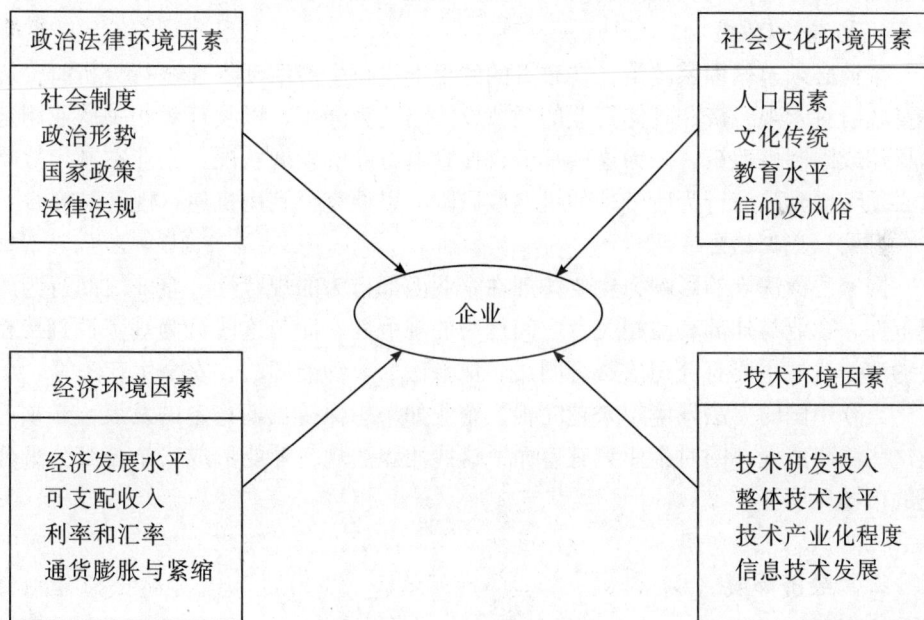

政治法律环境因素		社会文化环境因素
社会制度 政治形势 国家政策 法律法规	企业	人口因素 文化传统 教育水平 信仰及风俗
经济环境因素		技术环境因素
经济发展水平 可支配收入 利率和汇率 通货膨胀与紧缩		技术研发投入 整体技术水平 技术产业化程度 信息技术发展

图 2－2　PEST 环境分析模型

一、政治法律环境（P）

影响企业发展的政治环境主要包括企业所在国家的社会制度、当前社会的政治形势、国家的政策以及法律法规。而法律环境是指国家颁布的对企业经营有影响力的法律法规，例如经济合同法、环境保护法等。论者总是把政治环境和法律环境结合起来进行分析，因此统称政治法律环境。

（一）社会制度

国家的社会制度决定了政府对不同类型经济主体的态度和干预方式。国家宏观调控与行政管理手段对宏观经济具有强制的约束力，从而对企业行为产生直接影响。

（二）政治形势

一个国家的政治环境与企业的经营发展密切相关。在动荡的政治形势下，企业无法保持长期稳定的发展，甚至可能会濒临倒闭破产。而安定的政治环境则会为企业保驾护航，对其他国家的投资者产生吸引力。

（三）国家政策

企业必须遵循国家政策，在政策的约束下进行生产活动。在进行分析时，应注重政府对宏观经济和具体行业的调节方式与约束强度，以及针对相关产业制定的扶持或限制性政策，因为这些都将直接影响行业的发展状况，企业在制定战略时必须考虑到政府行为所带来的机遇或风险，以便充分利用机遇，规避风险。

（四）法律法规

国家法律法规的影响力主要体现在企业内部行为的规范性、企业之间行为的规范性、企业与外部利益相关者之间行为的规范性。而与这些行为规范性直接相关的法律法规主要有公司法、合同法、保险法、节约能源法、安全生产法等。

当今中国的立法环境越来越完善，企业如果想保持长期稳定的发展，必须遵循这些法律法规，同时企业只有遵循了这些法律法规，才能形成一个公开公平公正的市场环境。

二、经济环境（E）

经济环境是指影响企业生存和发展的各种社会经济因素的总和，包括社会经济结构、经济发展水平、经济体制、区域经济发展水平和行业发展程度等。对一般经济环境的分析，可以从以下几个方面展开。

（一）经济发展水平

国内生产总值（GDP）是一个国家整体经济的表现，反映了这个国家的国力和财富。研究发现不同产业的经济表现与 GDP 密切相关。通过研究产业发展速度和 GDP 增长速度之间的关系，可以为企业确定发展目标，决定对某个产业的投资安排，调整产业组合和资源分配。

（二）可支配收入

可支配收入决定了社会和个人的真实购买能力，由此决定了企业所面临的市场需求，也影响企业在具体产业发展的前景。总体而言，国民可支配收入的发展速度和稳定程度会直接影响企业的产业结构与产业布局，进而影响企业的战略目标。

（三）利率和汇率

利率和汇率主要影响可支配收入、物价水平与资金投入量等。当消费者通过周期性贷款购置企业的产品时，利率影响尤为显著，因为利率的高低直接影响消费者的成本，这在资本密集型产业表现最为明显，例如房地产、金融等产业。另外，企业的资本成本和筹资额也受利率影响。而汇率主要对不同国家间货币的相对价值进行调节，尤其是一些跨国企业，其产品在国际市场上的竞争力直接受到汇率波动的影响。

（四）通货膨胀与通货紧缩

通货膨胀可以带来物价攀升，使企业对未来经济环境难以预测，可能引起经济活动收缩，社会购买力下降，导致经济萧条。相反，通货紧缩则是指由于物价总水平下降，商品和劳务总需求小于总供给，产能过剩，往往与经济衰退相伴，市场萎缩，投资风险加大，投资需求全面下降。通货膨胀和通货紧缩均会给企业带来多重不利影响，因此企业在发展过程中必须关注通货膨胀和通货紧缩的严重程度，及时作出反应。

三、社会文化环境（S）

社会文化环境主要是国家或地区的人口因素、文化传统、教育水平、信仰及风俗等因素的综合反映。

（一）人口因素

人口因素主要包括人口数量、人口分布、年龄结构、民族结构和收入水平等多方面的人口特征。人口特征对整体消费市场和细分消费市场规模有直接的决定作用，并带来对产业结构和产品结构的差异化要求，同时人口因素引起的劳动力成本的变化也影响着企业扩张的难易程度。

（二）文化传统

一个国家和民族的社会文化传统是历史积淀的结果，包括思想认识、价值取向、思维模式和行为方式等方面，一般情况下具有持久性和稳定性的特点。企业在培养企业文化和建立制度规范方面，都必须根据传统文化对个人的影响程度，将企业目标和个人价值更好地融合。传统文化在当代企业发展中的作用非常明显，不少企业成功地将传统文化与企业建设相结合，塑造积极正面的员工个人价值观，推动企业形成良好的发展态势。

（三）教育水平

国家教育水平的提升，有利于提高受教育者的文化素质和专业技能。对企业来说，有利于提升整个企业的文化素质，增强企业竞争力。同时，随着教育水平的提升，消费者的购买行为也逐渐发生改变，消费者追求的产品品位和质量发生改变，趋于品质化和个性化。这些改变对企业的发展会有重大影响。

（四）信仰及风俗

尊重不同群体的宗教信仰和风俗习惯是每个企业都不可忽视的细节。不仅在国内需要这样，面对国外市场的需求也应考虑到其信仰及风俗，这给行业深度细分和特殊商品市场带来了发展的可能。

四、技术环境（T）

技术是推动企业发展的动力，一个国家具有良好的技术环境对企业的发展至关重要。技术环境因素主要包括四个方面：技术研发投入、整体技术水平、技术产业化程度、信息技术发展。

（一）技术研发投入

高新技术决定了企业的技术水平和产品竞争力。国家在技术研发投入方面的力度会直接影响本国经济地位和本国企业在国际市场上的竞争力。企业内部的技术研发方向和强度也使企业地位出现差异，具备专利技术或对技术研发有高投入的企业，往往能在市场竞争中拥有其他企业无法复制的核心竞争力，从而建立起更强势的竞争地位。

（二）整体技术水平

每个行业的整体技术水平决定了企业的发展前景和动力。技术的快速发展和更新可能会使企业迅速发展和成长，但也可能使企业发展受阻，甚至倒闭破产。因为，对一些传统企业来说，新技术的出现并不是好事。例如数码相机的出现淘汰了傻瓜相机，手机的出现淘汰了传呼机。企业应当预见新技术的出现为行业带来的机遇和风险，制定出相应策略，使企业趋利避险。

（三）技术产业化程度

技术产业化程度的影响因行业而异，有的技术的产业化发展可能影响整个行业的结构或行业价值链的构成；而有的技术的产业化影响可能偏重于对企业内部组织结构的变革推动。并且，新技术的变革会对行业壁垒产生影响。随着技术的产业化进程加快，产品生命周期可能会进一步缩短，而互联网的普及使产业间的距离逐渐缩小，信息资源的易获取性使产业进入壁垒相应降低。

（四）信息技术发展

新技术的应用还可以降低企业成本。新技术的发展，尤其是信息自动化技术的发展和应用，可以提高企业的生产效率，提升企业员工的工作效率，优化企业的内部管理流程，并推动高新技术的再革新。信息技术将传统企业间的竞争升级到更具科技性的层面，迫使企业调整组织结构，应用信息技术，并加强与供应商、客户之间的信息往来和沟通，使相互间的合作进一步加深。

案例 2 - 2

某汽车公司的 PEST 模型分析

1. 政治法律环境分析

国家政策的支持：

（1）注重自主创新的国家战略。自主创新是国家战略之一，指明了汽车产业的发展方向。

（2）国家重点扶持产业政策。汽车产业作为国家重点扶持的支柱产业，投入了各种资源以支持其发展。

（3）解禁小排量汽车。2006 年 1 月国家发改委等六部门联合发出通知，要求取消一切针对节能环保型小排量汽车行驶路线和出租车运营等方面的限制。这直接促进了小排量汽车的销售。

国家政策的局限性：

（1）汽车税费。当前购买汽车需要缴纳的各种税费过多，造成消费者"买得起用不起"，制约了汽车消费市场。并且公路收费站点多，也增加了购买者的负担。

（2）国家宏观调控政策的影响。我国企业目前融资渠道单一，其主要来源是银行贷款。现今国家实行紧缩的货币政策，使得中小企业融资遇阻。

2. 经济环境分析

经济环境是汽车工业发展的基础。改革开放后，我国经济迅猛发展，人民生活水平不断提高，也刺激了耐用消费品市场的消费需求，特别是我国的汽车市场。

但在金融危机的影响下，经济环境对汽车产业也存在影响：

（1）政府紧缩的货币政策加上外资注入大大减少，导致中小企业融资难，发展举步维艰。

（2）出口贸易受影响，汽车销量下滑。

（3）整体经济形势低迷，国内消费者购买力有所下降。

3. 社会文化环境分析

（1）国人喜欢购买国外品牌的汽车，部分人有一种"崇洋媚外"的消费观，这与国内自主品牌优势不明显有关。

（2）国内人口基数大，汽车消费量与日俱增，市场潜力大。

（3）人口老龄化现象突出，但老龄市场基本未开发。

（4）国内消费者越来越重视企业的品牌、质量、环保等综合因素，消费更加理性。

（5）交通和环保因素。一方面，我国人均占有公路的长度远远低于发达国家，严重限制了汽车的普及；另一方面，国家对环保要求的提高，短时间内制约了汽车行业的快速发展。

4. 技术环境分析

技术落后。中外合资汽车企业的核心技术仍由外资掌握，我国汽车的核心技术水平还有待提高。

缺乏开发设计能力。现有产品多为引进或仿制，另外，投入的研发资金不足，开发新产品的能力大大削弱。

国内缺乏汽车方面的人才，无论是技术人才还是管理人才。据悉，国内已有技术人才在德国相关领域深造，这些留学归来的人才相信能对汽车产业作出一番改造。

【资料来源：百度文库，http://wenku.baidu.com/view/0355fcef172ded630b1cb692.html】

第三节　行业环境分析

企业追求的战略，应当能够打破产业发展的常规并创造新的可以置竞争对手于不利地位的产业条件。

——伊恩·C. 麦克米伦（美国管理学家）

如果你比竞争对手走得慢，你将会处于劣势；如果你的速度只有竞争对手的一半，你很有可能已经失败了。

——企业界名言

　　企业在制定发展战略过程中，必须了解其所在行业特征，主要从行业内的竞争结构和竞争强度来发现企业面临的机会和威胁。行业环境分析的目的，就是将企业与行业环境联系起来，探索行业发展空间和盈利能力，以便确定企业的最佳定位。

　　企业在进行行业环境分析时，可以考虑一些主要的要素，例如：行业规模、竞争结构、竞争范围、所处生命周期、行业盈利水平、进入/退出壁垒、规模经济、技术和产品创新速度等。这里主要针对行业竞争结构进行分析，它对企业发展战略的制定有着极其重要的意义。

一、行业竞争结构分析——波特五种竞争力模型

　　波特从行业组织的角度提出了行业竞争结构分析的基本框架——五种竞争力模型。波特认为，在每一个行业中都存在五种基本竞争力，即潜在进入者的威胁、行业中现有企业间的竞争、替代品的威胁、供应方讨价还价的能力、购买方讨价还价的能力；同时指出，一个行业内部的竞争状态取决于五种基本竞争力的作用力，这些作用力共同决定着该行业的最终利润水平，如图 2-3 所示。[①] 波特还强调，竞争结构分析是企业确定竞争战略的基石，一个企业的竞争战略目标在于使公司在行业内处于最佳定位。

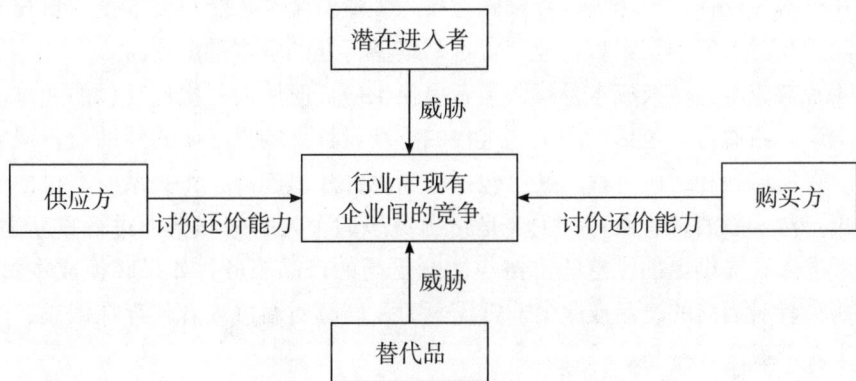

图 2-3　波特五种竞争力模型

　　下面对五种竞争力中的要素进行分析。

---

　　① 杰弗里·S. 哈里森，卡伦·H. 圣约翰. 战略管理精要 [M]. 大连：东北财经大学出版社，2006.

（一）潜在进入者的威胁

潜在进入者是指现在处于行业外但在未来很有可能要进入该行业的企业。只要行业存在高额的利润，就会吸引很多企业进入。但并不意味着但凡有高额利润的行业，任何企业都可以进入，因为企业进入该行业的阻力取决于行业的进入壁垒和现有企业的反应。如果行业进入壁垒低，现有企业没有什么反应，则潜在进入者进入该行业相对容易，否则反之。

（1）进入壁垒。进入壁垒是一种结构性的进入障碍，也就是企业试图进入一个行业需克服的阻碍和要付出的代价。波特认为主要存在以下七种壁垒：

①规模经济。规模经济是指企业在一定时间内随着业务量的增加，其单位成本逐渐下降。潜在进入者进入行业有两种选择：一是以大规模投资进入行业，但要承受与大规模投资相对称的风险，并且也要承受现有企业的报复；二是以小规模投资进入行业，但要承受单位成本高的竞争劣势。

②产品差异化。产品差异化是指行业内现有企业在产品和服务特色、商标、信誉、促销活动和顾客忠诚度等方面获得的优势。潜在进入者想要建立起自己的客户群体，就得投入一大笔资金来消除现有顾客的忠诚度，这将是一个长期而艰难的过程，也意味着它在这段时期内不得不耗费大量的资金、人力和时间成本为购买者提供更多的价格折扣与额外的服务。

③资本需求。每个行业的资本需求量是不同的，对于资本密集型行业，企业必须在技术、设备、厂房等服务设施上投入大量资金，承受与资本投入量相对称的风险。相对于劳动密集型行业，资本密集型行业的资本壁垒较高。

④转换成本。转换成本是指购买者更换供应商时所需一次性支付的成本。对下游生产厂商而言，包括产品工艺过程的重新设计、购进必要的辅助设备或检测设备、重新培训和适应过程，甚至包括中断已经建立起的合作关系所需付出的心理代价；对一般消费者而言，主要是付出更多的个人时间和精力进行重新适应。即使新进入者提供更加优惠的价格与性能更高的产品服务，如果转换成本过高，或者购买者对当前的产品或服务非常满意时，转移对新进入者就存在困难，这对新进入者形成进入壁垒。

⑤销售渠道。经销商往往不愿意经销新的产品或没有被消费者认可的产品，并且现有企业大多已与经销商建立了长久的伙伴关系。潜在进入者如果想掌握销售渠道，必须以让价、提高销售提成的方式来吸引经销者。但花费的销售成本一定比现有企业高，导致了单位成本高的竞争劣势。如果潜在进入者想搭建新的销售渠道，则花费的销售成本更高，会对其经营造成很大的潜在风险。

⑥规模经济之外的成本优势。早期进入者可能具有一些潜在进入者无法复制的成本优势，例如拥有独特的产品生产技术，熟悉原材料采购渠道，更加了解市

场行情与顾客心理。在生产过程中，产品的单位成本随着公司的经验积累而下降，废次品率也保持较低水平。这些优势是潜在进入者无法超越的。

⑦政府政策。政府会对关乎国计民生的行业进行严格控制，具体表现在颁布法律法规保护某些行业，并且严禁企业进入某些行业，例如电力、电信、天然气、航空等行业。此外国家对某些行业制定进入标准，例如酒店、食品、医院等行业，潜在进入者要想进入这些行业，必须具备国家许可证，符合进入标准。这些国家颁布的法律法规和进入标准都形成了进入壁垒，应该说是最为严格的进入壁垒。

（2）现有企业反应的强烈程度。行业内现有企业为了保护市场份额、保障盈利性，会对潜在进入者进行严厉的打击压制，扼杀其进入动机。通过预测现有企业的反应强度和反应规模，潜在进入者可以调整进入策略，使受到的打击压制减到最低程度。潜在进入者在以下情况受到的打击压制最强烈：

① 现有企业有足够用于反击的人力、物力和财力，其生产能力能满足潜在市场的需求，对分销渠道有一定控制力且对消费者有主导性影响。

② 现有企业所处的行业有较高的退出壁垒，且资产的流动性较低。

（二）行业中现有企业间的竞争

现有企业间的竞争是指行业内现有各家企业间的竞争关系和程度，行业内的各家企业都是彼此联系和制约的。由于所提供的产品和服务相同或相似，现有企业之间的竞争主要集中在价格以及服务、广告和促销等非价格因素上，对于每家企业的竞争策略，其他竞争者都会预估其对自己的影响，从而采取防御对策或反击对策。根据波特的观点，企业间竞争强度与下列因素有关：

（1）竞争者数量和力量对比。在行业市场容量一定的条件下，企业数量越多，集中度就越低，越会加剧企业间的竞争。如果这些企业规模相当，拥有的资源也相近，那么这些企业容易相互较量并且进行持续竞争。行业内企业数量较少时，竞争力量比较平均，但竞争也可能非常激烈。如果有一家或几家企业在行业处于支配地位，则领导企业可以通过价格领导等方式在行业中起协调作用并建立行业秩序。

（2）行业的增长速度。行业的增长速度也与行业内现有企业间竞争的激烈程度有关。当行业保持一定速度增长时，企业与行业同步增长，所拥有的市场份额也会增长，企业获得较大盈利，这时企业间竞争的激烈程度并不高。但当行业进入成熟期，行业的市场份额是一定的，行业内企业为了获得更多盈利，会为市场份额大打出手，此时竞争激烈程度较高，例如20世纪90年代的彩电价格战。

（3）产品差异性。行业内部各企业的产品如果各自具有差异性，则有可能保持各自具有明显差别的细分市场，相互间的竞争就比较缓和。反之，如果产品差异性较小甚至已经标准化，竞争主要表现在价格和服务上，难以保证顾客忠诚度，竞争程度就会非常激烈。

（4）成本结构。当行业的固定成本和库存成本较高时，企业为了达到盈亏平衡点或获得较高的利润水平，就可能尽量增加产量，扩大销量，争取更大的市场份额，于是各家企业采取多种促销策略，使得竞争更加激烈。

（5）生产能力。当规模经济要求生产能力大幅度增加时，增加的生产能力可能会长期破坏行业的供求平衡，特别是在集中追加生产能力有风险的行业。行业的生产能力过剩可能使得企业通过降低价格来回笼资金，造成过度投资和需求停滞等结构性问题。

（6）退出壁垒。当企业在行业内业绩不佳欲退出市场，但由于种种因素的阻挠，无法顺利移出资源时，就形成了退出壁垒。退出壁垒是指企业要退出行业所要付出的代价，例如沉淀成本、情感障碍等。当某些行业的退出壁垒大时，企业即使盈利性很小，也会留在行业内，坚持不退出。因为如果企业选择退出，损失会更大。退出壁垒会导致现有企业间的竞争趋于激烈化。

（三）替代品的威胁

替代品是指满足顾客需求的其他产品或服务，它包括本行业内新升级的产品和其他行业所提供的功能大致相同的产品。替代品的存在会限制本行业产品的价格，使行业内的利润空间受到挤压。当替代品投入市场进行销售时，可能影响本行业的销售额和收益，其价格越有吸引力，则影响越大，因而本行业同生产替代品的其他行业之间具有竞争关系，替代品对本行业形成威胁。

替代品对现有企业产品的威胁主要来自三个方面：替代品的价格优势，这会使现有企业的盈利空间受到挤压，对现有企业威胁最大；替代品在质量、服务方面具有优势，市场趋于接受替代品，对现有企业造成威胁；转换成本低，当替代品优势明显时，购买者纷纷转换购买替代品，此时替代品抢占现有企业产品的市场份额，对现有企业造成威胁。

（四）供应方讨价还价的能力

这里主要是指供应方在企业从事的生产经营活动所需要的各种资源、生产设备、技术等方面体现出的议价能力。作为供应方，往往希望提高其产品的价格或适当降低产品和服务品质来获得尽可能多的利润。这将使购买方企业的利润随之下降，因而供应方同购买方企业议价能力总是此消彼长的。

供应方讨价还价能力的大小主要取决于下列因素：

（1）供应方所在行业的集中程度。如果供应方行业集中程度高，由少数几家大企业控制，购买方企业选择余地小，则供应方议价能力就大；反之，如果供应方行业比较分散，购买方企业选择余地大，则供应方议价能力就小。

（2）供应方在供应行业的市场地位。如果供应方处于垄断地位，其议价能力非常强，将直接影响购买方。

（3）供应方产品对购买方企业的影响程度。如果供应方产品对购买方企业生产起着非常重要的作用，购买方会更加注重供应方提供产品的质量和性能优势，则供应方的议价能力较大。如果其产品对购买方生产影响不大，则其议价能力就小。

（4）供货量。如果供货量大，购买方企业会成为供应方企业的重要客户，则供应方议价能力就小；如果供应方产品同时供应许多企业，而某购买方企业在供应方销售中所占比例不大，则供应方对该购买方企业的议价能力就大。

（5）供应方前向一体化的可能性。如果供应方实现前向一体化的可能性大，则其议价能力就大，反之亦然。

（6）购买方后向一体化的可能性。行业中购买方企业进行后向一体化的难易程度也同样影响供应方的议价能力。如果购买方后向一体化的可能性比较大，则供应方的议价能力就相对较弱，反之亦然。

（五）购买方讨价还价的能力

购买方总是希望能以更低廉的价格购买到更高品质的产品或服务，如果购买方拥有一定的讨价还价能力，就会通过压低价格，从现有企业之间的竞争中获利。因此，购买方为提高产品和服务质量而同各家供应方企业讨价还价，使得供应方所在行业内的企业间竞争更趋激烈，导致整体行业利润下降。

影响购买方讨价还价能力的因素主要有：

（1）购买数量。如果购买方集中购买或大规模购买，购买量占供应方企业销量的比例较大，则购买方议价能力就会很大；反之则小。

（2）产品差异性。如果本行业的产品差异性很小或已经标准化，购买方选择的余地就大，其议价能力就大。如果本行业的产品差异性大，购买方议价能力就小。

（3）转换成本。如果购买方更换供货商的成本高，即转换成本高，就不会轻易变换供货商，则其议价能力就小；反之则大。

（4）本行业的集中程度。如果本行业购买方比较集中，由几家大企业垄断和控制，供应方只能提供给这几家购买方，购买方的议价能力较大；反之则小。

（5）购买方成本结构。如果购买方企业产品总成本中某项所需物的成本占比过大，可能会尤其关注该物的进货价格，并设法进行控制，这就必然要求更优惠的价格作为供货条件，尽可能进行讨价还价，提高本身的议价能力。

（6）购买方后向一体化的可能性。如果购买方能够通过后向一体化自行组织生产，取代供应方企业，则其议价能力就大。

（7）购买方获取信息的程度。如果购买方获取了充分的信息，了解整个市场需求，则其议价能力就大；如果购买方获取的信息少，则其议价能力就小。

案例 2-3

某家电企业的波特五种竞争力模型分析

1. 潜在进入者的威胁

家电行业是一个规模经济效应比较明显的行业，如果企业的生产规模比较小，那么在行业中存在高单位成本的竞争劣势。例如格兰仕，就是通过扩大生产规模，降低单位生产成本，利用价格战打击现有企业和潜在进入者，最终成为行业佼佼者。并且，家电行业具有生命周期短的特点，产品更新换代的速度快。这就要求企业要有雄厚的资金和高端人才作支撑。因此家电行业的进入壁垒比较高。

2. 行业中现有企业间的竞争

与行业内现有企业争夺顾客，是企业最直接的竞争压力。家电企业一般会采取价格战、广告战、技术战等方式争夺市场份额。目前国内连锁家电卖场之间对市场份额的争夺正处于激烈交战阶段，其议价能力在不断增强，由此促使彩电生产企业发起一波又一波的降价浪潮。

3. 替代品的威胁

信息化时代的到来，使得人们对电脑的需求日益攀升。由于电脑在家庭生活中的普及，其价格也在逐渐降低，而且电脑具有家电产品的综合功能，因此其对家电产品具有很强的替代性，特别是对于彩电的替代威胁最严重。

4. 供应方讨价还价的能力

供应方影响一个行业竞争者的主要方式是提高电子器件价格，或降低所提供产品或服务的质量。在当前经济全球化的浪潮下，经过长期竞争后留下的都是比较优秀的企业，有着比较完善的供应链管理系统，除非碰到一些突发事件，供应方的讨价还价能力已经不构成威胁。

5. 购买方讨价还价的能力

购买方形成买方市场势力，能够强行压低价格或要求更高的质量或更多的服务。为达到这一点，他们可能使生产者互相竞争，或者联合起来商定不从任何单个生产者那里购买商品。由于彩电行业供过于求，加上连锁家电卖场的出现，并在消费者中得到越来越多的认同，购买方的讨价还价能力已经成了决定性的因素之一。顾客是上帝，已成了企业时刻牢记的理念。

二、外部因素评价矩阵（EFE 矩阵）

如果要对外部环境中的主要机会和威胁进行分析，帮助企业在进行战略制定时能更为全面清晰地了解外部环境因素，明确自身所面临的主要机会和威胁，并对自身市场地位作出较为准确的判断，可以运用外部因素评价矩阵（External Factor Evaluation Matrix，EFE 矩阵）。EFE 矩阵将关键外部因素划分为机会和威胁两方面，并从行业角度进行重要性分析，然后评价公司对关键外部因素的反应和表现，最后综合得出公司在利用外部机会和对抗外部威胁方面的总得分。其步骤如下：

步骤 1：列出外部分析过程中确定的关键外部因素，一般先列出机会，然后列出威胁。

步骤 2：给每一个关键外部因素依据行业状况设定权数。

步骤 3：按照企业现状对各关键外部因素的有效反应程度进行评分，分值范围为 1～4 分，"4" 代表反应很好，"3" 代表反应超过平均水平，"2" 代表反应为平均水平，而 "1" 代表反应差，评分以公司客观表现为基准。

步骤 4：用每个关键外部因素的权数乘以它的评分，得到各关键外部因素的加权分数。

步骤 5：将所有关键外部因素的加权分数加总，得到企业的总加权分数。

对于任何一家企业，无论 EFE 矩阵所包含的关键机会与威胁数量是多少，企业所能得到的总加权分数最高为 4.0，最低为 1.0，平均总加权分数为 2.5。分数越高，表明企业所处的行业有越强的吸引力，市场机会越多，而企业在有效利用外部机会和对抗外部威胁方面也表现越好。相反，分数越低，则表示企业所处的行业未来发展前景越令人担忧，且面临越严重的外部风险，企业的市场机会越少，其应对外部威胁的反应能力也越差。

案例 2－4

某彩电企业的 EFE 矩阵分析

表 2－1 以某彩电企业为例，通过 EFE 矩阵来判断其在外部机会利用和外部威胁规避方面的表现。

表 2 – 1　某彩电企业的 EFE 矩阵

	关键外部因素	权数	评分	加权分数
机会	1. 居民收入增长导致的需求扩张	0.20	3	0.60
	2. 创新性技术的运用	0.10	1	0.10
	3. 消费者对国产品牌关注	0.10	2	0.20
	4. 数字电视的持续发展	0.10	1	0.10
	5. 新兴农村市场发展	0.10	2	0.20
威胁	1. 消费者议价能力增强	0.10	3	0.30
	2. 国内外厂商的竞争	0.10	2	0.20
	3. 生产规模和生产成本的压力	0.10	3	0.30
	4. 消费者对售后服务质量的要求	0.05	1	0.05
	5. 国外厂商垄断技术	0.05	1	0.05
合计		1.00		2.10

通过上表可知：该彩电企业的总加权分数为 2.1，低于平均总加权分数 2.5，说明该企业对现有机会和威胁的反应程度较弱，即企业无法抓住外界机会快速发展，也无法避开外界威胁，减少企业损失。

需要说明的是，在 EFE 矩阵中的得分并不能完全准确地反映企业的真实情况。从权数的确定和评分上看，在定量分析中仍然有主观的成分，如果能提高权数和评分的客观真实程度，将对企业的战略制定有重要的借鉴意义。

第四节　主要竞争对手分析

没有什么能比连续地关注竞争对手能更让一个人精力集中，因为这个竞争对手随时可能将你淘汰出局。

——维尼·克洛维（百事公司前总裁）

主要竞争对手是指那些会直接威胁到企业现有市场地位和盈利能力或对企业目标市场地位构成主要挑战的竞争者。如果一个企业不时常观测其主要竞争对手采取的行动，不主动认识把握主要竞争对手的战略，不去揣测主要竞争对手将要实施的行动，那么它就不可能战胜这些竞争对手。从这个层面来说，争取更为透彻地理解企业的主要竞争对手甚至比了解企业自身更加重要。

一、识别主要竞争对手

哪些企业是你的主要竞争对手，一般来说非常明显。但是，这不是一成不变的，在今后一段时间内，主要竞争对手会发生变化，比如，有些企业可能会失去锐气，不再对你构成威胁，不再是你的主要竞争对手；有些企业可能会快速成长，原先不构成威胁，而现在成为你的主要竞争对手；有些潜在进入者可能会加入进来，这些企业会成为新的主要竞争对手。因此，要警惕下列潜在的竞争对手：①可以轻易克服行业进入壁垒的企业；②进入本行业后可产生明显协同效应的企业；③可能通过并购快速成长的企业；④其产业链延伸终将进入本行业的企业；⑤可能之前是客户或供应商，但通过一体化进入行业的企业。

战略指南　在商场上没有永远的朋友，也没有永远的敌人。为了达到双赢的结果，企业也会与某些主要竞争对手联盟，这些企业可以暂时不在主要竞争对手之列。

企业在识别出主要竞争对手后，就要开始收集有关的信息并进行分析活动，其中大多数信息可以从公开渠道获得。主要竞争对手的信息来源一般包括公司年报、管理者的言论、公开发表的文件、网站、主要竞争对手的客户及供应商、贸易展览等。

二、主要竞争对手分析内容

对主要竞争对手的分析可从以下四个方面着手：目标、假设、现行战略、资源和能力。行业内现有的企业都具有一种行业敏锐性，对于主要竞争对手的现行战略、优势和劣势有一定的直观感觉，即基本能猜测出竞争者正在做的及能够做的。但是弱势在于不能清楚了解竞争对手的未来目标和战略假设，因为猜测行动要比监测行动难得多，可偏偏这两个因素又是明确主要竞争对手未来行动的决定性因素。

（一）主要竞争对手的目标分析

了解主要竞争对手的目标，企业就可以清楚每位主要竞争对手对其目前的市场地位是否满意，并推断出主要竞争对手的战略发展方向和可能采取的下一步行动，从而在一开始制定战略时就有针对性地设计应对方案。同时，了解主要竞争对手目标也为企业预测竞争对手会采取何种举措、应对战略变化提供帮助，企业也能有效避开不利于其自身市场地位的战略行动。主要竞争对手的公开战略目标可以从各种公开渠道获取，例如上市公司的公告。而要从不公开的渠道来获得公开的战略目标也不是难事，因为一般情况下企业的战略目标都是公之于众的。但令人困扰的是未公开的战略目标以及各种目标的权重。

> **战略指南**　获取主要竞争对手的价值观或信念、危机意识、组织架构、管理层的组成、风险控制机制、激励机制、该业务单位在母公司中的地位或重要程度、母公司的业务组合等信息，都有助于确定主要竞争对手的目标体系。

（二）主要竞争对手的假设分析

主要竞争对手分析的第二个重要因素是假设分析，这种假设分析主要分为两类：主要竞争对手对自己的假设分析；主要竞争对手对所在行业及行业中现有企业的假设分析。

主要竞争对手对自己的假设分析主要包括：对自己的市场地位、发展前景、盈利能力等方面的假设。例如企业可能把自己当作行业中的市场领导者，或者差异化生产者等。

主要竞争对手对所在行业及行业中现有企业的假设分析，与主要竞争对手对自己的假设分析一样，这些假设可能是正确的，也可能是错误的。其主要包括对行业规模、行业潜力、行业构成、行业威胁及行业盈利等方面的假设。例如企业认为所在行业处于成长期阶段，具有增长潜力，从而扩大规模，以期拥有更多市场份额。

另外，主要竞争对手的假设分析主要与企业的发展历史、企业文化、管理者的思维模式、成功或失败的经验、行业的传统思路等因素有关。主要竞争对手分析是一个非常困难的任务，但是仍旧可以通过公开渠道以及非公开渠道获得主要竞争对手信息，来进行假设分析。例如假设主要竞争对手实施产品差异化战略，顾客群忠诚度高，不会轻易降低价格，企业就可以通过降价的方式抢占市场份额。而主要竞争对手却拒绝降价，认为顾客不会更换销售商，直到市场占有率逐渐减少，发现无法挽回时，才醒悟自己的假设是错误的。

> **战略指南**　对主要竞争对手进行假设分析，不但可以掌握主要竞争对手当前的战略，而且可以预测它的下一步行动，还可以了解它的认知模式，针对其特定的认知模式选择与之竞争的方式。

（三）主要竞争对手的现行战略分析

主要竞争对手分析的第三个要素是对主要竞争对手现行战略的分析，其分析的核心要点在于：推测主要竞争对手现行战略的实施效果，现行战略对主要竞争对手市场地位造成的影响，主要竞争对手有多大概率改变战略，现行战略对企业自身带来的影响。通过对主要竞争对手现行战略的了解，本企业会更清晰地知道主要竞争对手正在干什么，能够干什么以及将来会干什么。

（四）主要竞争对手的资源和能力分析

主要竞争对手分析的第四个要素是对其资源和能力的分析，分析的主要方面有：主要竞争对手的核心竞争力，表现在某项职能活动具有独特的优势；主要竞争对手的发展能力，表现在实力不断增强的潜力；主要竞争对手的适应能力，表现在对外部环境变化作出调整的能力；主要竞争对手的反应能力，表现在对外部环境变化的敏感度及应对能力；主要竞争对手的持久耐力，表现在面临恶劣环境时能坚持的最长时间。

三、预测主要竞争对手下一步行动

在对以上四个方面分别进行分析的基础上，应对各个主要竞争对手可能采取的战略行动和防御措施作出判断。

（一）预测主要竞争对手的下一步行动

（1）将主要竞争对手的现行市场地位和业绩与战略目标进行对比，确定其是否有进行战略改变的可能性。

（2）根据主要竞争对手的目标、假设、现行战略、资源和能力分析，预测主要竞争对手最有可能采取的战略。

（3）对主要竞争对手的目标、资源和能力进行分析，确定其采取战略行动的预期强度。

（二）分析主要竞争对手的防御能力

（1）分析主要竞争对手容易受到哪些战略行动的攻击。什么战略行动具有不对称的获利后果，即什么战略行动对主要竞争对手和本企业的影响是不同的，对盈利能力的影响也是不同的？

（2）什么战略行动会引起主要竞争对手的打击报复，甚至是鱼死网破的行为？

（3）主要竞争对手的报复行为从什么时间开始？报复可能采取什么方式？采取何种战略行动可以降低其报复的有效性？

案例2-5

TCL集团彩电业务的主要竞争对手分析

1. 战略分组

国际调查机构的数据显示，依据"全球彩电总销量"及"平板产能"两项指标，金字塔式阵营是彩电行业的现状。

"塔尖"为第一阵营，包括三星、索尼、TCL、飞利浦、LG等品牌，全球彩电总销量保持在1 000万台以上，以液晶电视为主的平板电视产能在600万台以上。

"塔身"为第二阵营，以长虹、三洋、创维、海信等为主，年销量在300万~800万台之间，平板电视产能为100万台左右。

"塔底"为第三阵营，则是二三线品牌和新进入品牌，其销量及产能都居于弱势地位。

由此可看到，TCL处在第一阵营的"塔身"，其主要竞争对手是三星、索尼、飞利浦、LG等。

2. 主要竞争对手分析

我们以三星为例进行分析。三星集团是韩国最大的企业集团，业务涉及电子、金融、机械、化学等众多领域。1992年开始进军中国市场，在之后的十多年间，其业务范围已遍布全国，成为对中国投资最大的韩资企业之一。

三星在中国的战略可归结为三点：其一，对产品、地区、顾客进行选择和集中，把产品结构向高端市场靠近；其二，在科研和市场开发方面投资不间断的同时，也对营销不断进行革新；其三，在产品开发、零部件采购和产品制造、人力运营方面具备高度现代化的体制。

近些年，中国彩电高端市场发展势头强劲，给三星在中国的发展提供了契机。不过，仍有两道坎摆在三星面前：第一，中国市场环境不成熟。从产品的生命周期看，这段时间属市场导入期，普及教育将会延迟或限制三星在中国的飞速发展。第二，三星对中国市场的理解程度不高。此前众多跨国公司兵败中国，都是因为没有脱离原来的思维模式，对中国市场形势判断错误。若三星也如先驱者一样，未对中国市场形势进行准确判断和预测，终将步它们后尘。

【资料来源：新浪财经，http://finance. sina. com. cn/chanjing/b/20060106/23052255804.shtml；三星官网，http://www. samsung. com】

第五节 竞争态势矩阵分析

知己知彼，百战不殆；不知彼而知己，一胜一负；不知彼，不知己，每战必殆。

——孙武（春秋时期军事家）

竞争态势矩阵（Competitive Profile Matrix，CPM）用于明确企业的主要竞争对手及相对于该企业所处的战略地位，以及主要竞争对手的特定优势与劣势。CPM 矩阵与 EFE 矩阵有相同的权数和总加权分数的含义（详见本章第三节），以及相同的编制矩阵的方法。但是，CPM 矩阵所列举的因素包括外部和内部两个方面的问题，这是它们之间的差异所在。因此，CPM 矩阵评分表示优劣势：1 分表示很大的劣势，2 分表示较大的劣势，3 分表示较小的优势，4 分表示很大的优势。

总的来看，CPM 与 EFE 之间的区别有：

CPM 中的关键因素更为笼统，它们不包括翔实的数据；CPM 不同于将因素划分为机会与威胁两类的 EFE；在 CPM 中，可以将竞争公司与被分析公司的评分和总加权分数作比较，得出的分析结果可为企业的战略决策提供参考信息。

案例 2-6

某公司的 CPM 应用

表2-2 某公司的 CPM 分析表

关键因素	权重	被分析的公司		竞争对手1		竞争对手2	
		评分	加权分数	评分	加权分数	评分	加权分数
市场份额	0.2	4	0.8	2	0.4	2	0.4
价格竞争力	0.2	1	0.2	4	0.8	1	0.2
财务状况	0.4	2	0.8	1	0.4	4	1.6
产品质量	0.1	3	0.3	4	0.4	3	0.3
用户忠诚度	0.1	3	0.3	3	0.3	3	0.3
总计	1.0		2.4		2.3		2.8

评分值含义：1 = 弱，2 = 次弱，3 = 次强，4 = 强。

从表 2-2 可以看出，该企业和两家竞争对手的最后评分值都介于次弱和次强之间，可见三家企业的竞争优势不明显且相互之间无显著差距。而竞争对手 2 比该公司得分略高，说明竞争对手 2 相比该公司是有竞争优势的，只是优势不明显。该公司相比竞争对手 1 也略有优势，且优势同样不明显。在这个案例中，财务状况的权重为 0.4，因此其被当作最为重要的关键因素。

为了简化 CPM 模型，案例 2-6 仅包括五个因素，实际的 CPM 中的因素还可以更多些。

需要说明的是，不能仅因为在 CPM 中竞争对手 2 总加权分数为 2.8，而被分析的公司总加权分数为 2.4，就认为竞争对手 2 比被分析的公司强 16.7%。利用 CPM 的目的不是得出一个数字，而是为了便于与竞争对手作出比较，然后作出合适的决策。

★ 本章小结

外部环境的错综复杂日益显著，外部环境对企业业绩的影响也越来越大。企业为了在日益激烈的环境中去发现外部环境中的机会和威胁，就必须具有所需的技能。对外部环境进行全面分析成为战略管理中的一个重要环节。

本章分析了企业的外部环境，即宏观环境分析和行业环境分析。对于宏观环境分析，给出了 PEST 环境分析模型；对于行业环境分析，给出了波特的五种竞争力模型、外部因素评价矩阵，还包括主要竞争对手分析和竞争态势矩阵分析。

外部环境分析主要有定量和定性两种分析方法。一般情况下，这些方法可以有效地分析各种类型和规模的企业，但其效用的充分发挥还需依靠良好的直觉判断。因此在使用这些方法时，战略制定者应该客观评价和吸收有效信息。

第三章　企业内部环境分析

CHAPTER 3

新东方的成长

1991年，俞敏洪辞去了北大教职，两年后在北京中关村的一所小学里创办了新东方英语学校。那个时候师资力量薄弱，仅有两三名教师。2006年9月7日，已发展为大型综合性教育科技集团的新东方成功登陆纽约证券交易所，成为第一家在海外上市的中国教育培训公司。

长期以来，教育培训市场因为进入门槛低而竞争激烈。为什么新东方能异军突起，最后做大做强呢？根源在于新东方一直秉承的教学理念——除了专注教学外，还要给予学员们生活上的关心，向他们传输积极、乐观的人生观。为什么这是新东方大获成功的核心点呢？因为教育培训从本质上来说提供的是一种体验型消费，而其营销的突出特点是靠人际互动和人际关系。新东方创建了一个不但能育才而且能励志的独特文化氛围，这为新东方赢得了口碑，树立了品牌，从众多的竞争者中脱颖而出。

熟悉新东方成长史的都知道，俞敏洪不是学管理出身的，甚至可以说对管理完全不知所以然。但他凭着自己的努力和钻研，对管理有了一番自己独特的领悟，并将新东方管理得井然有序，从最初的"夫妻店"和后来的"哥们帮"逐步走上了现代企业制度的轨道。

当市场中的商机发生倾斜时，各利益相关者就会因利益问题产生纠纷。为此，新东方从2000年开始进行股份制改造，成立东方人教育科技发展有限公司，重新整合新东方产业资源。在新组建的董事会，俞敏洪身兼董事长和总裁职务。有趣的是，股份制改革后，元老们为了能够分到属于自己的那杯羹，掀起了拆台的纷争。而俞敏洪冷静待之，以真诚换信任，不仅使公司度过了危机，还为此后的发展壮大铺平了道路。

组织转型之后，新东方也开始改变商业模式，采取的措施主要是校园创建、业务拓展和地域扩张。首先，新东方在北京的一个黄金地段投资3亿元购买了一座办公大楼；接着，在北京郊区兴建了一座能够容纳1.5万人就读的新东方校园；随后，新东方校园不再仅限于北京中关村，开始踏出北京乃至国门，进行扩张经营。

【资料来源：C. W. L. 希尔，G. R. 琼斯，周长辉. 战略管理 [M]. 孙忠，译. 北京：中国市场出版社，2007】

案例启示

　　新东方之所以如此成功，是因为新东方在发展过程中形成了教育培训市场上其他企业无法复制的核心竞争力：第一，新东方是一个体现价值观和信仰的企业。第二，新东方积累了一批能比较深刻地理解企业价值观并确实能够体现这种价值观的人。新东方是一个"人"的企业，没有任何高科技的含量。新东方的英语教学技巧，所有的学校都可以模仿，但是新东方的文化内涵和氛围无法模仿。

　　什么成就了新东方的核心竞争力？相信读者通过本章的学习会找到答案。在本章中，我们将对企业资源、能力和核心竞争力进行仔细的分析。旨在帮助管理者在制定战略时，能够清晰地认识公司，作出正确的选择。

第一节　企业资源分析

　　企业的资源永远都不能满足其充分利用各种机会和规避各种威胁的需要。正因为如此，战略在本质上是一个资源配置问题。战略要取得成功，就必须能够将优势资源配置给具有决定性意义的机会。

——威廉·科恩（美国管理学者）

一、企业资源分析的内容

　　企业资源是指企业开展经营活动所需要的林林总总的有形和无形投入，其种类纷繁，从唾手可得的普通要素，到高度差异化的资源，都是企业资源。前者主要指土地、劳动力、资金等普通要素，后者主要指品牌、商誉等需历经长时间积累、难以复制的差异化资源。

　　企业资源分析是指企业为了寻找能够给企业带来竞争优势的资源，对其拥有的所有资源进行识别、评价的过程，这一过程包括三个步骤，如图 3－1 所示。

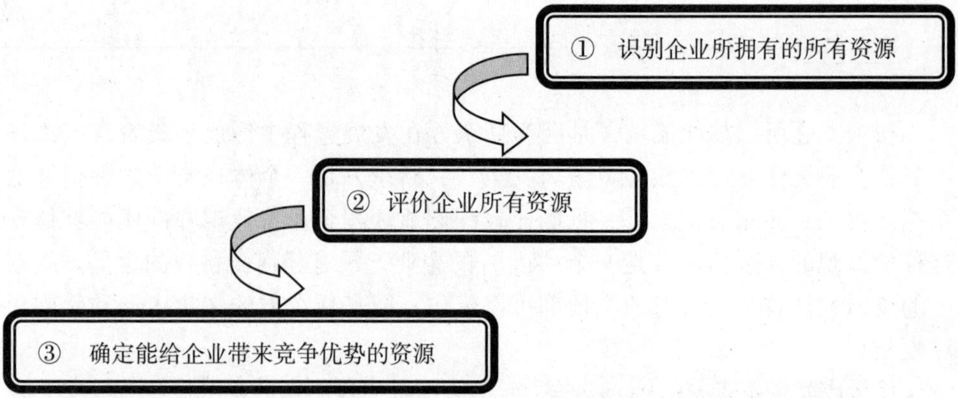

① 识别企业所拥有的所有资源

② 评价企业所有资源

③ 确定能给企业带来竞争优势的资源

图 3 - 1   企业资源分析步骤

企业资源分析主要用于企业的内部环境分析。通过企业资源的分析，确定企业的优、劣势。企业资源分析可以通过 SWOT 分析法实现，SWOT 分析法将在第四章第一节进行详细介绍。企业资源分析包括以下三个方面内容：

（1）企业资源的单项分析。资源的单项分析可分为物质资源、人力资源、财务资源、无形资产等。清晰地辨认企业单项资源是剖析企业战略能力的基石，而对无形资产的评估又是其中的重点。

（2）企业资源的均衡分析。基于协同效应，合理地配置资源能显著提升战略能力，企业可以从产品组合、个人特质、资源柔性等方面分析资源配置是否合理。

（3）企业资源的区域分析。企业的资源除了拥有通过合法渠道获取的资源外，还对外部资源有很强的控制力。在供应商、分销商和顾客之间建立起来的商务关系网是企业能力的基石。若企业的价值活动深深扎根于当地文化，则企业掌控的区域资源通常可成为其资源优势，甚至是竞争对手无法复制的企业核心竞争力。

二、企业资源分析的实施

企业资源分析是在质、量、结构等方面以全局的眼光对资源的分析，企业资源是企业的实力基础。企业的资源是有限的，在制定战略时必须考虑资源的可获得性，否则无论战略制定得多好，都是无法实现的。企业资源分析的实施主要包括三个步骤：对现有资源状况的分析，以确定企业拥有的资源和可获得的资源；对资源利用状况的分析，以评价现有资源的利用情况；对资源平衡状态的分析，以确定减少哪些资源和增加哪些资源，使企业资源处于均衡状态。

战略指南

在进行企业资源分析的时候，需要特别强调的是无形资源，例如知识产权、商誉、品牌等。在很大程度上，这些资源恰恰是企业有效创造竞争力的主要源泉。

另外，在进行企业资源分析的时候，还要考察企业资源的供应能力。企业资源供应能力是指企业获得资源的能力，对企业战略的实施起决定性的作用。企业资源供应能力包括从外部获取资源的能力和从内部积蓄资源的能力两方面。

企业从外部获取资源的能力取决于以下因素：①企业所在地理位置；②企业与资源供应者的关系；③企业的议价能力；④资源供应者前向一体化的趋势；⑤企业供应部门的效率。

企业从内部积蓄资源的能力与行业整体的效率和绩效有关，其中内部资源的配置和利用是最首要且最关键的。企业内部资源的积蓄包括有形资源和无形资源的积蓄。

分析企业内部资源的积蓄能力可以从以下几个方面进行：①投入产出比率分析；②净现金流量分析；③企业规模增长状况分析；④企业后向一体化的可能性；⑤商标、专利、商誉分析；⑥职工的忠诚度分析。

案例 3-1

某铝型材公司的资源分析

某铝型材公司的资源分为有形资源和无形资源两大类。

该公司的有形资源包括财务资源、组织资源、实物资源和技术资源四种形式。

财务资源。运转良好，与各大银行关系融洽。进入 21 世纪后，由于企业经营状况不好，亏损严重，各大银行为了控制风险，收缩对公司的贷款，公司的研发资金大大缩水。

组织资源。尽管进行了多次组织结构改革，但仍然问题丛生：一是组织层级冗杂，效率低，费用多，内耗大，管理浪费严重；二是管理方法、手段比较传统、落后，没有建立现代化的信息管理系统；三是内部管理失控，导致经常出现质量事故；四是对市场及竞争对手的反应慢。

实物资源。随着时间的推移，先进的设备器材逐渐变得陈旧落后。由于财务资源的限制，企业整改扩建遇到障碍，产品组合较窄，生产规模得不到扩展。

技术资源。没有足够的资金投入技术改造和创新中，其铝型材生产设备与竞争对手相比，已明显落后。

该公司的无形资源包括人力资源、创新资源和声誉资源三种形式。

人力资源。该公司是一个典型的老牌国有企业，公司内专业配置比较齐全，技术管理人才多，加之进入行业的时间早，积累了相当丰富的经验。尽管人员流动给企业带来了冲击，但仍有部分骨干人员留在企业中。只要能充分地激励、发挥他们的作用，他们将可以为企业的发展做出更大的贡献。

创新资源。由于该公司各级领导没有意识到创新的重要性，没有建立并实施有效的创新激励机制，企业的员工没有脱离原来保守的思维方式，缺乏足够的创新精神。

声誉资源。在发展初期，改革企业大力实施"创品牌"工作，在社会上树立了良好的形象，给企业带来了一定的品牌效应。遗憾的是，自20世纪90年代后期起，该公司的品牌宣传工作做得不够到位，渐渐被人们所遗忘。

【资料来源：振升铝材官网，http://www. zhensheng. com/html/xinwenjijie/zhenshengxinwen/】

第二节　企业能力分析

核心能力包括一系列技能和专业，企业以此提供超乎寻常的价值。这多半涉及一套完整且竞争者难以模仿的能力体系。

——杰洛米·霍普、汤尼·霍普

企业能力是指企业通过整合资源实现企业价值增值的技能。其按照职能活动划分为：生产能力、营销能力、研发能力、财务能力及管理能力等。

而企业能力分析是指对企业的关键性能力进行识别以及对关键性能力在竞争表现上的分析。其主要从以下几个方面分析：生产能力、营销能力、研发能力、公司财务状况、管理水平、业务能力等。企业各种能力所需要的资源基础是共同的，因此企业各种能力之间在相当程度上可以互相转化。

企业资源本身是不能直接形成竞争力和竞争优势的，竞争力和竞争优势来自对各种资源的配置。企业的竞争优势源于企业核心竞争力，企业核心竞争力又源于企业能力，而企业能力又源于企业资源，如图3-2所示。所以说企业的竞争优势是由企业在长期的经营过程中，将具有战略价值的各种资源进行整合而成的企业能力所形成的。如果要对企业核心竞争力和竞争优势有清楚的认知，必须进行企业能力分析。

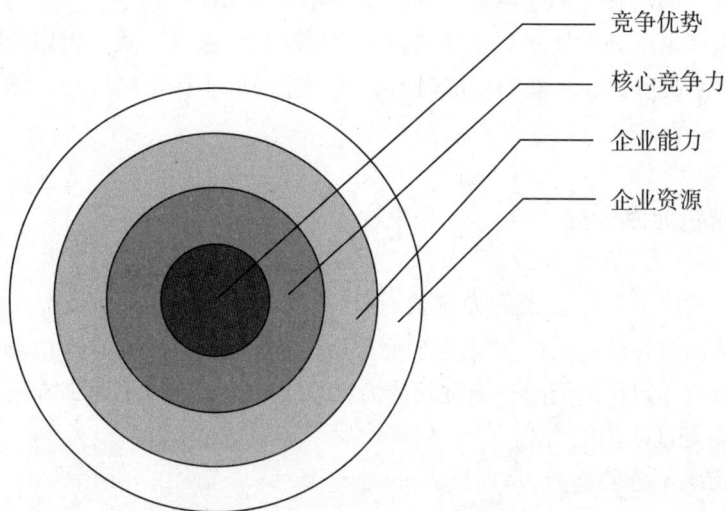

竞争优势

核心竞争力

企业能力

企业资源

图 3 - 2　企业竞争优势的来源

做好企业能力分析，预测企业现有能力与未来环境的匹配程度，明确企业的优、劣势，做到"知己知彼"，使企业的业务建立在核心能力的基础上，形成企业的竞争优势。企业要进行战略活动，也必须先进行能力分析，战略只有处于核心能力之上，才能形成核心竞争力，为企业带来竞争优势。

一、生产能力分析

生产是企业转化资源的关键一环，它必须在数量、质量、成本、时间、柔性等方面都满足顾客的期望和要求，形成有竞争力的生产能力。生产能力包括以下几种要素：

（1）加工工艺和流程。加工工艺和流程的决策关乎整套生产系统的设计。这种决策的具体内容包括：工厂的选择与布局、工艺技术的选择、生产工艺流程的分析等。

（2）生产能力。生产能力的决策主要是找准企业的最佳生产能力。这种决策包括产量预测、生产设施计划、生产能力计划和生产日程的安排等。

（3）库存。库存的决策是要确定原材料在制品和产成品库存的合理水平。具体的内容包括订货的品种、时间、数量以及物料搬运。

（4）劳动力。劳动力的决策主要是工作岗位的设计、绩效考核、工作标准和激励方法等。

（5）质量。质量的决策是要确保企业生产和提供高质量的产品和服务。具体内容包括质量的控制、抽样检查、质量监测和质量保证等。

企业生产系统的设计和管理必须与企业战略目标保持一致，否则企业很难获得竞争优势。另外，企业在制定战略时，要对企业的生产系统进行详细的分析和研究。

二、营销能力分析

从战略角度来看，营销能力主要包括三个方面的内容：一是市场定位的能力，二是营销组合的有效性，三是管理能力。企业能否准确地进行市场定位直接反映了企业市场定位的能力，而这一能力又取决于企业在以下四个方面的能力：

（1）市场调研的能力。

（2）市场细分的能力。

（3）确定目标市场的能力。

（4）保持市场地位的能力。

企业市场营销人员可以根据决定这些能力的因素及自身具有的实践经验来评价企业在这些方面的优势和不足。而营销组合的有效性和管理能力的分析可以参照本书第六章第四节中的市场营销战略。

三、研发能力分析

研发能力是企业的一项十分重要的能力，它主要包括以下几个方面：

（1）研发人员的数量、结构如何？

（2）研发人员的能力如何？是否能开发出具有自主知识产权的新产品？

（3）实验室研究设备的数量、先进程度如何？

（4）研发费用是否充足？占销售额的比例是多少？能否满足企业发展的需要？

（5）研发管理的组织能力如何？技术商业化的能力如何？

四、财务能力分析

财务能力是判断企业能否生存下来并有所发展的基本因素，它主要包括营运性指标、盈利性分析、成长性分析、风险性分析，其中后三者实质上完整表达了企业价值。

（一）营运性指标

营运能力是指在外部市场环境的制约下，通过合理配置和组合企业内部人力资源和生产资料对财务目标的实现所产生的效用的大小。营运能力可以通过以下指标表示：

（1）营业周期。

$$营业周期 = 存货周转天数 + 应收账款周转天数$$

（2）存货周转率。

$$存货周转率 = \frac{销售成本}{平均库存} \times 100\%$$

（3）存货周转天数。

$$存货周转天数 = \frac{360}{存货周转率}$$

（4）应收账款周转率。

$$应收账款周转率 = \frac{销售收入}{平均应收账款} \times 100\%$$

（5）应收账款周转天数。

$$应收账款周转天数 = \frac{360}{应收账款周转率}$$

（6）流动资产周转率。

$$流动资产周转率 = \frac{销售收入}{平均流动资产} \times 100\%$$

（7）总资产周转率。

$$总资产周转率 = \frac{销售收入}{平均资产总额} \times 100\%$$

可将以上指标分为总体指标（营业周期）、物流管理指标（存货周转率、存货周转天数）、账款管理指标（应收账款周转率、应收账款周转天数）、流动资产管理指标（流动资产周转率）、固定资产管理指标（对总资产周转率与流动资产周转率指标进行差异分析）等五大类，并从这五个方面来衡量企业的营运能力。

（二）盈利性分析

通常使用以下四个财务指标来分析一个企业的盈利能力：

（1）销售毛利率。它反映了企业的经营效率。

$$销售毛利率 = \frac{销售收入 - 销售成本}{销售收入} \times 100\%$$

（2）销售净利率。它反映了企业的综合盈利能力。

$$销售净利率 = \frac{净利润}{销售收入} \times 100\%$$

（3）资产净利率。它反映了企业使用社会资源的效率，也是企业经营能力的体现。

$$资产净利率 = \frac{净利润}{平均资产总额} \times 100\%$$

（4）净资产收益率。它反映了企业有效运用股东投资的能力，也是企业经营和财务管理水平的综合体现。

$$净资产收益率 = \frac{净利润}{年末股东权益} \times 100\%$$

（三）成长性分析

成长性分析是指企业对其未来收益状况的分析，主要从以下五个指标衡量：

（1）销售收入增长率。其主要是指企业销售额的增长量，能反映企业经营状况和市场占有能力，并对企业业务扩展趋势进行预测。

$$销售收入增长率 = \frac{本年销售收入 - 上年销售收入}{上年销售收入} \times 100\%$$

（2）市场份额增长率。其主要是指企业在行业中市场地位的提升程度，是销售收入增长率指标的补充。如果企业所在行业发展迅速，多数企业的销售量都会增长，但只有市场份额快速增长的企业才是具有发展潜力的企业。

其中，本年市场增长额 = 本年市场份额 - 上年市场份额。

$$市场份额增长率 = \frac{本年市场增长额}{上年市场份额} \times 100\%$$

（3）无形资产增加值。商标、专利等无形资产价值的增加给企业发展提供强有力的保证。

（4）新产品占销售总额的比例。新产品销售额占销售总额的比例高，不但意味着企业研发能力强，还说明企业具有很好的发展空间。

（5）新客户占总客户的比例。新客户占总客户的比例高，说明企业有较强的开拓市场能力，另外新客户大多是为了尝试而购买，很可能会增加未来购买的数量。

（四）风险性分析

从财务管理角度看，企业的风险分为短期风险和长期风险两大类。

1. 短期风险

企业一般常用两个指标衡量短期风险：

（1）流动比率。

$$流动比率 = \frac{流动资产}{流动负债} \times 100\%$$

（2）速动比率。

$$速动比率 = \frac{流动资产 - 存货}{流动负债} \times 100\%$$

短期风险主要用来反映企业立即偿还负债的能力。此外还可以从财务比率以外的因素进行分析，例如可使用的银行贷款、可快速变现的长期资产、企业偿债能力的信誉。

2．长期风险

企业长期风险可以通过以下四个指标来测评：

（1）资产负债率。它反映企业能够偿还负债的总体能力。一般来讲，企业资产负债率不应超过 50%，而上市公司不应超过 60%。

$$资产负债率 = \frac{总负债}{总资产} \times 100\%$$

（2）产权比率。它反映企业面对发生的风险能够保障债权人利益的能力。

$$产权比率 = \frac{总负债}{股东权益} \times 100\%$$

（3）有形净值债务率。它反映企业股东权益对可能发生的债务危机的保障程度。

$$有形净值负债率 = \frac{总负债}{股东权益 - 无形资产净值} \times 100\%$$

（4）已获利息倍数。它反映企业盈利能力对债务偿还的保证程度。

$$已获利息倍数 = \frac{息税前利润}{利息费用} \times 100\%$$

五、管理能力分析

同等条件下，具备高管理能力的企业一般拥有较为理想的财务指标，或者可以经受恶劣环境的考验，渡过难关。

根据美国著名管理学教授斯蒂芬·P. 罗宾斯的研究，企业管理由计划、组织、领导、控制四个职能构成，因此评价一个企业的管理能力也应由这四个职能入手：计划能力反映了企业对自身运作过程、能力的了解以及对未来市场变化的判断能力；组织能力反映了企业规范工作流程、适应环境的能力；领导能力反映了企业激励、沟通、协调员工的能力；控制能力反映了企业保证战略按计划进行的能力。

案例 3-2

某公司的能力分析

该公司拥有一定的强势资源，也拥有一定的弱势资源。但从企业能力方面看，该公司除了在生产高质量产品方面具有较强的能力外，其他方面的能力显然有些薄弱与不足。如在人力资源管理方面，尽管企业拥有较好的人力资源，但由于企业不善于激励，员工的积极性与创造性未能得到充分的发挥。另外，由于企业薪酬分配等制度不科学、不合理，部分技术管理骨干外流。在生产管理方面，该公司没有采用先进的信息管理系统，管理手段落后，加上在整个生产过程的计划、控制与协调方面存在很多问题，导致效率低、成本高、资源浪费的现象严重。该公司在市场营销管理方面的能力与表现更为糟糕，主要体现在以下几个方面：一是对市场信息及竞争对手的分析不够透彻，战略目标不明确，也没有制定恰当的营销策略，包括产品定位、目标市场、价格策略等；二是没有建立较为完善的分销、经销网络，对分销商、经销商管理不到位；三是对销售队伍的管理不善；四是没有做好企业品牌的推广工作。另外，该公司在企业技术创新方面的能力也不强。

第三节　企业核心竞争力分析

核心竞争力是创造以及保护该企业竞争优势的专属资源与能力。

——普拉哈拉德（美国密歇根大学商学院教授）、
哈默尔（英国伦敦商学院教授）

一、核心竞争力概念

短期来讲，企业产品的质量和性能决定了企业的竞争优势，但长期来讲，企业的核心竞争力决定了企业的竞争优势。核心竞争力是指组织持续合理地配置资源以适应外部环境的变化、领先竞争对手，以创造超额顾客价值来保持竞争优势的关键资源或能力。核心竞争力具有以下五个特征：①价值性，即形成核心竞争力的企业资源或能力在市场上具有价值，能为顾客创造超额价值和最终使企业获利；②稀缺性，即形成核心竞争力的企业资源或能力是不容易获得的；③难以模仿性，即企业核心竞争力是企业在长期生产经营过程中积累的，难以被其他企业模仿；④难以替代性，即形成核心竞争力的企业资源或能力不会轻易地被其他资源或能力所替代；⑤独特性，即企业核心竞争力往往建立在企业的专有技术、自身的学习积累上，不会随着员工的离开而消失。

企业核心竞争力是支持企业可持续发展的核心能力，是企业独有的，这种核心能力能够使一个组织比其他组织做得更好。为保持企业的长期发展和持续竞争优势，企业需要具备一种核心竞争力。企业核心竞争力的形成过程可以用一个金字塔型的结构来说明，如图3-3所示。

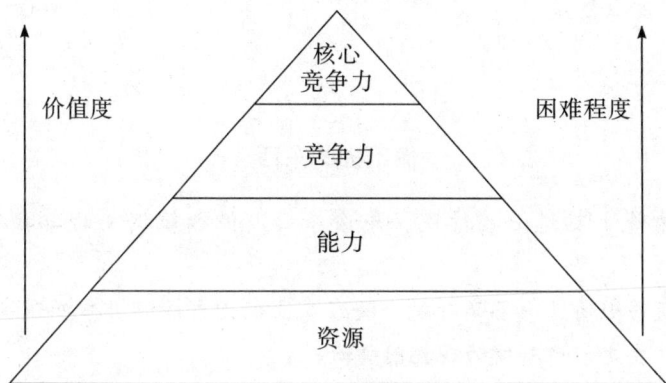

图3-3 核心竞争力的形成

由图3-3可以看到，从核心竞争力形成的困难度和价值度，可以依次细分为：资源、能力、竞争力、核心竞争力。

（1）资源。资源处于金字塔的最底层，是上一层能力的载体，要强化企业能力，就必须获得优势资源。如果企业的资源不符合要求，将直接影响企业能力的形成，最终影响企业核心竞争力的形成。

（2）能力。能力处于金字塔的第二层，是指整合企业资源，使价值不断增加的技能，例如生产能力、研发能力、营销能力等。这些能力是企业竞争力形成的基础。

（3）竞争力。竞争力处于金字塔的第三层，是指企业职能性能力的有机协调和整合，是以业务单元来衡量的。如果企业只有一个产品或一个业务单元，则这种竞争力就是企业的核心竞争力。

（4）核心竞争力。核心竞争力处于金字塔的最高层，是企业竞争力的进一步整合，它跨越业务单元的边界，可以是整个企业共享的某一个技能或是知识系统。

波特提出并运用"价值链分析法"来分析核心竞争力的形成。他把企业内外价值增加的活动分为基本活动和辅助活动，基本活动涉及内部后勤、生产作业、外部后勤、市场销售、售后服务；辅助活动涉及企业基础设施、人力资源管理、技术开发、采购。在企业参与的众多不同价值活动中，企业并不是在每一个环节都能实现价值增值的目的，而是只有某些特定环节才能给企业创造价值，这些环节是价值链上的战略环节。企业要保持竞争优势，实际上就是在价值链上寻找战略环节，然后在战略环节上树立优势。企业运用价值链分析法来确定核心竞争力，实际上是要求企业密切关注和培育在价值链的战略环节上获得的核心竞争力，以形成和巩固企业在行业内的竞争优势。

案例 3-3

偷不去的东西

有个小偷晚上钻进一座寺院，想偷东西，但翻箱倒柜后都找不到值钱的东西。

毫无收获的小偷正准备离开时，睡在床上的无相禅师开口叫道："喂！你这个朋友，既然要走，请顺便为我把门关好！"

小偷愣了一下，说："原来你这么懒惰，连门都要别人关，难怪你寺里一点值钱的东西都没有。"

无相禅师说："你这个朋友太过分了，难道要我老人家去辛苦挣钱，将买来的东西放着任你偷吗？"

小偷气急败坏地说："我看你也就这穷命，谁稀罕！看来你也不过是个欺世盗名之徒，只会欺骗那些瞎了眼的香客！"

"哦，"老禅师微微一笑说，"原来你是看我这儿白天人来人往，就认为有值钱的东西！我实话告诉你吧，你在我这儿找不到你要的东西，但我有的东西你也根本偷不到！你还是请回吧"。

的确，小偷再厉害，也偷不到老禅师脑子里的智慧啊！

在生活中，企业的核心竞争力就是竞争对手偷不去的东西，它是独一无二的。专项技术、创新能力、个性独特的管理模式、可靠的市场网络、专有的品牌形象、特色的顾客服务等，都能称作核心竞争力。

如果说竞争对手就如同故事中的那个小偷，那么企业的核心竞争力正是那个老禅师头脑中的智慧，竞争对手对此永远都是束手无策的啊！

【资料来源：中国在职教育网，http://hr.onjobedu.com/hrzs/8447.html】

二、核心竞争力的来源

培育企业竞争优势，必须知晓企业的核心竞争力有哪些？其主要源于以下几个方面：

（1）人力资源。人力资源是企业的软性资源，对企业竞争优势的作用已毋庸置疑，并且随着企业规模的扩大，越加显得重要。而人力资源如何转化为企业的核心竞争力，最重要的是企业有一套合理的机制，可以把人力资源与企业各职能活动有机地结合起来，调动员工的积极性、创造性。但要强调的一点是，人力资源只是核心竞争力的必要条件，而不是充分条件。

（2）核心技术。核心技术是指企业申请的受到国家法律保护的专利技术以及一些技术秘密。若企业只是拥有核心技术，其核心竞争力势必会随着技术的进步而消失，关键是拥有获得核心技术的能力，即技术创新的能力。

案例 3－4

技术领先市场，"以勒"成就中国咖啡机第一品牌

杭州以勒自动售货机制造有限公司致力于自动售货机研发和生产。公司与世界顶级咖啡机制造商合作，全程采用意大利咖啡机设计、工艺和技术。

技术领先市场是杭州以勒自动售货机制造有限公司在金融危机下，生产规模和市场销量仍能持续增长的取胜之道。"以勒"咖啡机被业界誉为推土机，质量稳定性和客户满意度均是最好的，2009 年的销售量是 2008 年的 12 倍，是名副其实的中国咖啡机第一品牌，凭借意大利、韩国、中国三方联合研发技术，杭州以勒自动投币咖啡机获多项国际国内专利。正是技术的持续创新使其能在激烈的行业竞争中遥遥领先，确保高市场占有率。

以勒公司从给国际知名的咖啡机品牌贴牌生产（OEM）到创建自主品牌，再从产品畅销欧美到国际生产企业给"以勒"的产品做配套，靠的是技术的不断创新，有了领先的技术才能领先于竞争对手。

【资料来源：安学网，http://www.anxue.net/guanli/zhanlue/gh/2010/0308/17919.html】

（3）企业声誉。企业声誉是企业在长期经营过程中慢慢积累的一种无形资产，是难以模仿的。在产品市场上意味着，拥有产品信息的一方对买者作出承

诺：产品具有高质量、高性能、高服务的特质；在资本市场上意味着，拥有资本信息的一方对投资者作出承诺：资金不挪为他用，不违规操作。这种承诺不具有法律的有效性，但是拥有私人信息的一方不履行这种承诺，就会失去以前积累的企业声誉。企业声誉是企业立足之本，是企业获得核心竞争力乃至持久存在的根本和生命线。

（4）营销能力。营销能力主要包括三个方面的内容：一是市场定位的能力，二是营销组合的能力，三是营销网络的管理能力。市场定位的能力是指根据市场调查，发现细分市场，确定目标市场，同时保持市场份额的能力。企业只有市场定位准确，才能保证企业战略方向是正确的。如果市场定位不准确，即便企业的战略制定得多科学，都无法保证企业可持续发展。如同南辕北辙的故事一样，你乘坐的马车是最好的，也是跑得最快的，但是方向错了，只会离目的地越来越远。

营销组合的能力是指企业通过整合产品策略、价格策略、促销策略、分销策略满足顾客个性化、多样化需求的能力。营销组合是人为制定的，但其效果并不完全取决于人力资源和经验的积累，营销技术和营销信息系统也在营销组合中起到重要作用。随着信息化的发展，网络已经普及，积极发展以电子商务为核心的网络营销有利于企业拓展销售空间。现在已由卖方市场转为买方市场，消费者主导市场，营销技术甚至成为比生产制造技术更为重要的竞争因素。

营销网络的管理能力是指企业调控产品配送中心、营销网点，并将其与信息系统联系起来，形成较大覆盖区域营销网络的组织能力。从竞争力的角度分析，企业一旦有了稳固的消费群体，并在消费者中形成了营销网络，将成为潜在进入者的行业壁垒，便可在相当长的一段时期内获得超额利润；而潜在进入者只有投入巨额的财力与现有企业开展广告和销售网络的争夺战，才有可能分得属于自己的一杯羹。

（5）管理能力。管理能力是指企业获取信息、整理信息、分析信息、制定决策以及执行决策的能力。企业的管理能力取决于企业是否拥有一支优秀的管理团队，团队成员不仅拥有扎实的基础知识和专业技能，而且拥有良好的团队协作能力。管理能力的提高有助于企业提高资源利用率，扩大产品组合，提升竞争力。

（6）研发能力。随着技术革命的来临，企业只有掌握了核心技术，才能具有竞争优势。研发能力可以由企业研发人员的数量和结构、研发经费总额、研发经费占销售额的比例、研发设备的先进性等指标来衡量。研发能力是企业获取专利从而获得长期利润的保证。

（7）企业文化。企业文化是一个企业的灵魂，是管理者经营理念的具体体现。从概念上理解，企业文化是比较简单的，但是在实际中寻找适合企业发展的特色文化是比较难的。企业文化是企业发展的利器，可以在无形中整合企业资源，迅速提升企业的核心竞争力。

企业核心竞争力具体是指企业较为突出的某些方面，并且这些方面是其他竞争对手所没有的和不易模仿的。而企业核心竞争力的大小则最终表现在盈利能力、市场份额、企业形象、顾客认同度等方面。因此，如果企业在某些方面较为突出，而这些方面是其他竞争对手所没有的或不易模仿的，却不能给企业带来任何好处，这些较为突出的方面也不能称为企业核心竞争力。

三、VRIO 框架分析方法

VRIO 框架是美国管理学家杰伊·巴尼提出的一个企业内部分析工具，用以分析企业拥有的资源和能力，并探讨其对企业竞争优势的可能贡献。该框架的核心思想：可持续竞争优势不能试图通过简单地评估环境中所存在的机会和威胁，然后仅选择在威胁较少、机会较多的环境中开展业务活动来创造；可持续竞争优势的创造还取决于企业拥有的特殊资源和能力。只有将企业的资源和能力应用于合适的环境竞争中，才能创造出可持续的竞争优势。通过分析企业的资源和能力，就能较好地把握企业的内部优势和劣势，使战略的制定更具科学性。

VRIO 框架代表了企业对其所拥有的资源、能力所必须审视的四个问题：价值（value）问题、稀缺性（rarity）问题、可模仿性（imitability）问题和组织（organization）问题。

VRIO 框架分析需回答的问题如下：

（1）价值问题。某项资源是否能帮助企业挖掘外部环境中的潜在机会，或消减环境中存在的威胁？如果企业的回答是肯定的，那么这项资源被视为有价值；如果企业的回答是否定的，那么这项资源被视为没有价值。需要注意的是，我们不能孤立地探讨某种资源的价值性，要看在某种情境下它是否能够提高企业的竞争力。

（2）稀缺性问题。掌握某项资源的行业参与者是否寥寥无几？有价值的资源尽管可以提升公司的竞争力，但是如果某项资源被大多数的企业所掌握，那么这个资源就不能建立起企业的持续竞争优势。

（3）可模仿性问题。缺乏某项资源的企业是否在获取或开发该资源时处于成本劣势地位？拥有有价值且稀缺资源的企业，往往能够借助此类资源实现其他企业所无法实现的战略，也就是所谓的先动优势。这种资源是否能带给企业持续的优势关键在于不具有此类资源的其他企业获取或开发这种资源时是否会给企业带来成本劣势。

（4）组织问题。企业政策和其他活动是否围绕着充分有效利用企业所拥有资源的潜力加以组织？获取资源是一回事，能否利用这些资源是另一回事。企业构成中与组织问题相关的要素被定义为有效利用这些资源的补充性资源。

通过回答这些问题，有利于企业较好地明确自身的优势和劣势，并进一步将自身的优势培育成核心竞争力。

案例 3-5

做个欧洲的美国企业划算吗？

美国的啤酒产业在发展过程中遭遇到了瓶颈，尽管得到了美国大学生不遗余力的支持，但仍没让这些啤酒巨头们看见光明的到来。为摆脱困境，安海斯—布希和米勒啤酒这两家竞争对手都在努力尝试开拓欧洲市场。不幸的是，欧洲人认为美国啤酒毫无味道，因此美国啤酒在欧洲市场并不受欢迎。在欧洲，清爽型啤酒就意味着低酒精含量，这和欧洲人的需求相差甚远，因此这两家公司的清爽型啤酒在欧洲市场都吃了败仗。

为促进欧洲市场销售，并改变人们对美国清爽型啤酒的认识，安海斯—布希和米勒啤酒采取了截然不同的战略。安海斯—布希沿承其美式理念，在欧洲采取了与美国相同的广告策略——把美国鹰的标志摆在百威啤酒罐的显著位置上，商标图案依然是克莱德谷马拉着过时的四轮啤酒马车。还邀请欧洲体育明星担任百威代言人，使百威成为 2006 年意大利都灵冬季奥运会的官方指定啤酒。安海斯—布希希望百威能像可口可乐一样，成为欧洲人家喻户晓的品牌。可惜这一切并未实现。

与安海斯—布希的策略不同，米勒啤酒在进军欧洲市场时采取了去"美国化"的战略。它努力将自己定位为一个拥有好产品的欧洲啤酒企业，而非美国企业。

例如，为了更好地服务于俄罗斯市场，米勒啤酒在当地建造了一家啤酒厂。此外，米勒啤酒在欧洲的广告也不同于在美国的广告，使米勒啤酒成为欧洲新市场消费者生活的一部分。因此，米勒啤酒在俄罗斯的销售大获成功，它也准备将这种运作模式复制到欧洲其他国家。

话说回来，美国啤酒究竟是不是一种有价值的资源呢？正如前文所提到的，资源本身不能说有价值还是没有价值，这要看在某种情境下是否能提高企业的竞争力。在美国，美国啤酒可能是一种有价值的资源。但在欧洲，可能没那么有价值。

【资料来源：杰伊·巴尼，威廉·赫斯特里. 战略管理［M］. 北京：机械工业出版社，2010】

四、打造企业核心竞争力

由于企业竞争的环境越复杂，不可预知的风险越大。企业战略必须将目光转向企业内部，创造和维持企业所独有的某种不易为他人所模仿的、能给自己带来持久优势地位的竞争力，即所谓"核心竞争力"。其具有以下特点：

（1）核心竞争力的载体是整个企业，而不是企业的哪个业务单元或者哪条产品线。

（2）核心竞争力是企业在长期生产经营过程中积累而成的，而不是企业通过市场交易能够获得的。

（3）核心竞争力不是指某种分散的技术和技能，而是这些技术和技能的有机结合。

（4）核心竞争力有助于企业与其他企业形成差异化，是企业独有的。

核心竞争力理论使人们从一种新的角度看待企业战略，挖掘企业内部的资源和条件，形成具有本企业特点的独特能力，这种能力才是企业长期竞争优势的源泉。

企业核心竞争力是一种包含了企业全部的人力、物力、财力，整合了企业全部资源和能力，贯穿于企业整个生产经营过程的能力，体现了企业独有的发展理念和价值观。作为持续竞争优势的源泉，核心竞争力对于一个企业的生存起着至关重要的作用。因此，在现今日益激烈的竞争环境中，要谋求企业的生产与发展，应尽快建立企业核心竞争力。

通过以上分析发现，企业可以从内、外两条途径来打造自己的核心竞争力。

（一）企业打造核心竞争力的内部途径

（1）企业的每位员工都必须重视培育核心竞争力的战略，从日常的工作中发现对形成核心竞争力具有重要作用的资源、能力以及技术方法等。

（2）企业要集中组织资源在某一领域形成专业化经营，使自身在技术、产品、营销等方面与同行业其他企业形成差异，而这些方面正好可以构成今后企业核心竞争力的重要因素。

（3）加强技术开发。技术开发是指企业可以通过技术创新获得某种技术的专利权。若企业并不清楚哪些是自己的核心技术，可以对现有技术进行分解和整合，弄明白哪些是普通技术，哪些是专有技术，哪些是核心技术，然后对核心技术进行提高和巩固来培育和发展自己的核心竞争力。

（4）提升组织能力。组织能力是指企业有效组织资源的能力，是资源能力有机结合的黏合剂。企业核心竞争力存在于具有良好组织能力的公司中，而良好的组织能力又可为企业核心竞争力的打造提供保证。

（5）塑造独特的企业文化。企业文化是无形的，竞争对手难以模仿。可见，企业形成独特的企业文化，是构造核心竞争力的深层次因素。

（二）企业打造核心竞争力的外部途径

（1）知识联盟。知识联盟是指企业之间通过知识共享平台进行知识共享的一种联盟组织，是一种双赢的组合。知识联盟有助于企业相互学习，知识技能互补，创造新的知识技能。知识联盟是企业获得核心竞争力的有效途径之一。

（2）企业兼并。企业兼并是指两家或多家企业融合为一家的过程。企业通过兼并方式可以迅速扩大规模，并拓宽企业的业务领域。通过兼并，企业可以重新整合自己的内部资源，实现产业结构的升级，打造出全新的企业经营格局和企业经营管理机制，并能达成合理配置资源、提高竞争优势的目的。因此，兼并也是企业打造核心竞争力的一种途径。

（3）培育客户群。客户群越多，客户对企业的信心和忠诚度越高，企业核心竞争力就越大，就越能在市场中立于不败之地。因此，企业不能忽视对自己客户群的培育，并应通过产品、价格、渠道、促销等营销手段来扩大并稳固自己的客户群，以增强自己的核心竞争力。

（4）动态意识。核心竞争力随着时间的推移可能会逐渐消失殆尽，因为随着行业的发展，某种技术或者某种资源可能变成共识，企业继续把这种技术和资源作为核心竞争力，必定会处于竞争劣势。企业应通过机制设计，促进企业核心竞争力的动态建设。当某种核心竞争力下降或消失的时候，以另一种新的核心竞争力来取代逐渐减弱或消失的原核心竞争力，这样才能保证企业一直维持其竞争优势的地位。

如果企业拥有的核心竞争力没有任何一个竞争对手可以超越，那么企业要想保持这一优势地位至少要保证这一核心竞争力的可持续性。但在激烈的市场竞争中，企业仅仅维持其核心竞争力是不能保证其市场地位的稳固性的，因为所有竞争对手都在等待契机取而代之。这样看来，企业必须不断改进并提升核心竞争力，在与竞争对手的比较中取得进步，以防其市场地位被取代。

案例3-6

某国有银行的核心竞争力分析

某国有银行是中国最大的商业银行，其利润来源主要是人民币业务。从国际金融机构的竞争力分析中，我们可以看出人民币业务是一种低层次的核心竞争力。因此，为了提高该国有银行参与国际竞争的实力，该国有银行把以金融技术为基础的电子银行作为核心竞争力进行培育和不断提升。

该国有银行在电子银行方面制定了清晰的发展战略，在国内同业中率先把网上银行、电话银行、手机银行等诸多产品、服务归为一类，明确地推出了电子银行业务的概念，并对其进行统一规划、统一管理、统一开发、统一营销。

注重金融技术基础建设。为提升自身的管理水平和核心竞争力，该国有银行投入资源建设信息系统和应用系统，并对后台业务系统进行修整，加快前进的步伐。

加大产品品牌的推广力度。该国有银行2002年成功推出了"金融e通道"电子银行整体品牌，覆盖了各种电子银行业务。2003年年底又推出了个人网上银行品牌"金融@家"，初步树立了多层次、全方位、个性化、功能丰富、高度安全的在线个人金融服务品牌形象。

【资料来源：个人图书馆，http://www.360doc.com/content/07/0710/11/29613_603295.shtml】

第四节　内部因素评价矩阵

每个组织核心竞争力都不一样，但有一项核心竞争力是任何组织都不可缺少的，那就是：创新。

——彼得·德鲁克

对企业内部拥有的资源和能力进行集成、定量的分析，可建立内部因素评价矩阵（Internal Factor Evaluation Matrix，IFE）。IFE 矩阵的分析过程与 EFE 矩阵的分析过程相似，可按以下步骤进行：

（1）列出企业内部关键因素。通过对公司财务状况、管理水平、成本优势、技术优势、营销网络、独特资源等因素的分析，可确定一个企业的内部关键因素的集合，一般采用 10~20 个内部关键因素组成集合。

（2）对所选出的内部关键因素进行分类，将优势与劣势分列开来，一般是先列优势因素，后列劣势因素。

（3）采用权重评定的方法，确定 IFE 矩阵中各内部关键因素的权重，以表明各内部关键因素对企业战略的相对重要程度。

（4）对每个内部关键因素进行评分，评分范围为 1~5 分。1 分表示企业在该方面处于绝对劣势，2 分表示企业在该方面较为薄弱，3 分表示企业在该方面处于中等水平，4 分表示企业在该方面有较强的竞争优势，5 分表示企业在该方面处于绝对优势地位。

（5）用每个内部关键因素的权重乘以它的评分，得到每个内部关键因素的加权分数。

（6）将所有内部关键因素的加权分数相加，得到企业的总加权分数。

一般来说，在 IFE 矩阵中，企业的总加权分数范围在 1~5 分，平均分为 3 分。若企业得分超出平均分以上，说明其内部状况具有一定的优势，反之，则说明企业内部状况处于劣势。

案例 3-7

某房地产公司的 IFE 矩阵分析

表 3-1　某房地产公司的 IFE 矩阵

	内部因素	权重	评分	加权得分
优势	市场洞察力	0.15	5	0.75
	企业品牌	0.05	4	0.20
	品质控制	0.15	4	0.60
	员工队伍	0.15	3	0.45
	企业管理	0.10	3	0.30
	营销能力	0.05	3	0.15
劣势	资金与资本实力	0.15	2	0.30
	企业文化	0.10	2	0.20
	公关，网络资源	0.15	1	0.15
	土地储备	0.05	2	0.10
合计		1.10		3.20

从表 3-1 中可以看到，企业的得分为 3.20，刚超出平均水平，说明该企业在行业中的竞争能力超过了平均水平，但并非有很强的优势，仅处于中等偏上的水平。

【资料来源：黄丹，余颖. 战略管理：研究注记·案例 [M]. 北京：清华大学出版社，2009】

在 IFE 矩阵中，行业的特殊性成为不可回避的问题。IFE 矩阵的一个重要变量就是内部关键因素的权重，而任何一个内部关键因素对于不同的企业来说，其重要性都是完全不同的。因此，对于不同的行业，其内部关键因素的权重可能是不同的。

本章小结

对企业内部环境的分析是回答"企业能做什么"的问题，是企业获取资源并利用资源的能力的反映。而核心竞争力是企业获得和维持竞争优势的保证，打造核心竞争力对企业"做强、做大、做久"有不可估量的影响。本章通过对企业资源、能力、核心竞争力及 IFE 矩阵的论述，为企业的战略选择提供内部分析依据。

第四章　战略选择的分析工具

CHAPTER 4

步步高：挑战沃尔玛的"湘潭仔"

"你们这种白手起家的民营连锁超市真的打得过沃尔玛和家乐福吗？"步步高连锁超市董事长王填无论参加什么活动，都会伴随各种质疑声。但他会耐心地向好奇者解释：为什么湖南株洲家乐福店在与步步高店正面交战后，频繁更换店长；为什么沃尔玛在湖南就是斗不过步步高；为什么在家乐福、沃尔玛等"洪水猛兽"逐步向二三线城市渗透之时，步步高营业收入仍从 2005 年的 21.35 亿元上升至 2007 年的 41.84 亿元，并在 2008 年已成功上市。

王填说自己的"导师"就是沃尔玛的创始人萨姆·沃尔顿。在萨姆·沃尔顿的自传《富甲美国》里，我们仿佛可以看到步步高的成功之路——在小地方起家（沃尔玛的总部至今仍在阿肯色州本顿维尔镇），不浪费每一分钱；坚持"农村包围城市"战略；在某区域密集开店，再以面状铺开，以获得最低的采购价和高效的供应链，并努力控制供应链的上游。

快速反应和足够的坚持成为步步高重要的核心能力。在此基础上，步步高构建出一套对于沃尔玛来说"以彼之道还施彼身"的商业模式。

1. "农村包围城市"战略

"农村包围城市"——这与萨姆·沃尔顿的思路不谋而合。走在湘潭的大街上，步步高随处可见。或是与沃尔玛面积相当的大卖场，或是"百货+超市"，或是更小一些的社区超市，涵盖了各种业态、密集开店的步步高早已成为湘潭、株洲、娄底等湖南中小城市人民的"主食"。

先在中小城市快速开店，再以面状铺开，这样做不仅运营成本低，而且让在湖南"点状布局"的沃尔玛、家乐福头疼不已。因为规模大、种类多的步步高更易从供应商处获得低价、新鲜的商品，并充分发挥供应链优势。

2. 主攻"百货+超市+电器"商业模式

除了低成本和规模优势外，坚持中小城市发展策略使得步步高对中小城市消费者的需求愈加了解，这正击中了跨国巨头们的软肋。2007 年 3 月，来势汹汹的沃尔玛在湖南娄底开店，与步步高形成正面对抗之势，但步步高又以超前的理念规划卖场：用 18 000 平方米的百货和电器区吸引客流，超市区只有 2 000 平方米，避开沃尔玛的来袭，结果步步高的销售额不减反增。

中小城市的消费者通常喜欢一站式购齐，步步高正是摸透了消费者的心理，主攻"百货+超市+电器"的商业模式，以此与家乐福、沃尔玛等大卖场区别开来。

3. 控制供应链成本

另外,王填从萨姆·沃尔顿处还学到了一个技巧——不能忽视供应链的重要性。2006 年,步步高投资巨额资金,在长、株、潭三市核心区域兴建大型物流配送中心,以湖南为基点,向全国扩散。步步高上市融资的金额中,除约 80% 用于开店外,约 20% 将用于物流配送中心续建项目和信息系统升级改造项目等。

【资料来源:中国企业家网,http://www.iceo.com.cn/renwu/35/1999/1130/219.shtml】

──── 案例启示 ────

步步高的成功案例显示了董事长王填的正确战略抉择:在当时的国情下,以先发展二、三线城市,然后挺进一线城市的战略,在湖南一带成功地击败沃尔玛、家乐福等各大国际性连锁超市。成功不仅需要谋略,还需要勇气,更需要战略预见性。步步高就是在当时的国情下,预见改革开放带来的经济格局的变化,作出正确的决策,成功地把步步高经营成今天的国内知名企业。

步步高为什么会制定这样的战略?相信通过本章战略选择分析工具的学习,战略制定者能够更加科学合理地制定适合公司发展的战略。

第一节　SWOT 矩阵

每个企业都存在一定的薄弱环节,只有不断地克服这些短板才能充分抓住外部机会。

——马克·V. 坎尼斯(美国管理学者)

一、SWOT 概述

SWOT 分析法是由美国教授肯尼思·安德鲁斯和海因茨·韦里克完善发展起来的,是人们常用的一种战略选择方法。SWOT 就是指优势(strengths)、劣势(weaknesses)、机会(opportunities)、威胁(threats)四个英语单词的词头。利用这个方法可以使企业在对内外部环境分析的基础上,形成"发挥优势,利用机会,克服劣势,避免威胁"的战略设想,最终形成企业战略,培育企业的竞争优势。

二、SWOT 的四个因素

(一) 优势（S）

优势是指企业内部具有的超越竞争对手的能力，或者说是可以提升企业竞争力的关键因素。企业的竞争优势可以是有形资产，例如先进的机器设备、充足的原材料、充裕的资金等；也可以是无形资产，例如良好的品牌效应、公正的企业形象、积极向上的企业文化等。

具体来讲，企业可以从生产能力、营销能力、研发能力、公司财务状况、管理水平、业务能力等方面来分析企业的竞争优势。可以参考第三章第二节的具体内容。

(二) 劣势（W）

劣势是指企业内部相对于竞争对手较为薄弱或不足的因素，或者说是降低企业竞争力的某些因素。企业的竞争劣势可以是有形资产，例如落后的机器设备、库存不足的原材料、短缺的资金等；也可以是无形资产，例如低下的员工素质、缺乏技术创新的氛围、落后的管理模式等。

同样，企业可以从生产能力、营销能力、研发能力、公司财务状况、管理水平、业务能力等方面来分析企业的竞争劣势。可以参考第三章第二节的具体内容。

(三) 机会（O）

机会是指外部环境中有利于企业发展的因素，这种因素必须与企业内部资源和能力相匹配，使企业获得竞争优势。

具体来讲，企业的发展机会可能是：发现新的细分市场；行业规模扩大；新技术的出现；企业的战略联盟；竞争对手的重大失误；金融贷款体系的完善等。

(四) 威胁（T）

威胁是指外部环境中不利于企业发展的因素，这种因素对企业的盈利能力和市场地位发起挑战。

具体来讲，企业的威胁可能是：替代品的出现；潜在进入者的出现；供应商和客户议价能力的提高；行业内竞争激烈；行业规模缩小；经济环境萧条；政治环境动荡；金融贷款体系不完善等。

三、SWOT 分析方法的步骤

(一) 外部环境分析

依据企业外部环境分析，列出对于企业来说外部环境中可能存在的发展机会

（O）和威胁（T）。

（二）内部环境分析

依据企业内部环境分析，列出企业目前所具有的优势（S）和劣势（W）。

（三）进行组合分析

根据"发挥优势，利用机会，克服劣势，避免威胁"的基本原则，对 SO、ST、WO、WT 策略进行甄别和选择，根据企业的现实状况，选择相匹配的策略组合。对于每一种外部环境与企业内部条件的组合，企业可能采取如下的一些策略原则：

1. 优势—机会（SO）组合：极大—极大

这是一种最理想的组合，也是潜在最成功的组合。企业都希望利用内部优势，抓住外部机会，通过该组合战略形成企业竞争优势。例如吉利汽车公司利用技术先进和质量上乘的声誉去扩大生产，以抓住市场上对经济适用型汽车需求增长的机会。

2. 优势—威胁（ST）组合：极大—极小

这是不太理想的组合，企业应该利用内部优势，避开外部威胁或者消减威胁的影响。其目的是将内部优势扩大到最大程度，把威胁减少到最小程度。例如阿里巴巴公司利用先进的商业运作模式，以避开 2008 年金融危机的影响，反而化危为机，提升了市场份额。

3. 劣势—机会（WO）组合：极小—极大

这是不太理想的组合，企业应该利用外部机会来制定发展战略，改进内部劣势。例如国内某手机生产企业缺乏核心技术（劣势），通过兼并国外一家具有先进技术的手机生产企业（机会），或者聘请掌握核心技术的人才（机会），培育企业竞争优势。

4. 劣势—威胁（WT）组合：极小—极小

这是最不理想的组合，企业应尽量规避处于这种状态。然而一旦企业处于这样的位置，企业应该减少内部劣势，同时回避外部威胁。这样的企业可能面临着被并购、收缩、破产或结业清算的境地，因此必须为生存下去而努力。

（四）绘制 SWOT 矩阵

清楚界定上述诸因素后，就可以绘制 SWOT 矩阵了。这是一个以外部环境中的机会和威胁为一方，以企业内部环境中的优势和劣势为另一方的二维矩阵。在这个矩阵中，有四个象限或四种 SWOT 组合。它们分别是优势—机会（SO）组合；优势—威胁（ST）组合；劣势—机会（WO）组合；劣势—威胁（WT）组合。

表 4 – 1   SWOT 矩阵

		内部环境	
		优势（S）	劣势（W）
外部环境	机会（O）	SO 组合方案	WO 组合方案
	威胁（T）	ST 组合方案	WT 组合方案

在任何一种组合内都包含各种各样的因素，它们之间纷繁复杂的关系能形成不同的组合，而这些不同的组合又构成企业选择战略行动的基础。实际上，每一项业务或者产品市场都可以根据 SWOT 矩阵进行单独的分析。

战略指南　　SWOT 矩阵不会给决策者一个明确的答案，只提供战略选择的可能。

案例 4 – 1

某纺织物流集团的 SWOT 矩阵

表 4 – 2   某纺织物流集团的 SWOT 矩阵

	内部环境因素	
	优势（S） （1）行业内有较高的知名度，拥有广泛的渠道网络和客户群 （2）与各级政府和协会关系良好，为企业发展营造良好的公共关系 （3）拥有一支高素质的销售团队 （4）与中储棉合作投资的储备棉库项目已批准	劣势（W） （1）资产负债率高，财务成本较高 （2）公司盈利模式单一 （3）经营成本高，销售利润率低，竞争力弱 （4）人员老化，知识更新慢，缺乏专业的项目管理人员，用人机制僵化

（续上表）

<table>
<tr>
<td rowspan="2">外部环境因素</td>
<td>机会（O）
（1）国家政治稳定，人民收入水平大大提高，加入世贸组织对纺织产业拉动效应显现
（2）政府大力支持纺织工业及推动现代物流服务产业升级
（3）科技进步，行业边界变得模糊，投资机会增加
（4）棉花交易市场纳入广东省"新十项"工程项目</td>
<td>SO 战略
（1）与供应商建立产业联盟，发挥市场营销渠道网络的作用，增强竞争力，扩大市场占有率
（2）把握产业发展动态，积极参与政府支持的产业投资项目，通过项目带动企业的发展</td>
<td>WO 战略
（1）引进战略投资者，以投资项目扩股增资，实施合作投资战略
（2）创新经营模式，整合企业价值链，进行相关多元化经营战略
（3）优化企业治理机制，引进优秀人才，促进人才与企业的发展</td>
</tr>
<tr>
<td>威胁（T）
（1）行业竞争日趋激烈，成本上升，利润下降，纺织行业面临产业升级的挑战
（2）欧美贸易保护，实施非关税壁垒，影响出口
（3）国退民进，外企、民企已在纺织服装行业占主导地位
（4）不确定性因素增加，市场波动加剧</td>
<td>ST 战略
（1）拓展新的市场
（2）实施多元化业务经营，开发新品种
（3）加强管理，提高效率，降低经济波动的影响</td>
<td>WT 战略
（1）追随行业领先者，巩固既有市场
（2）放弃无发展前途的经营项目
（3）引进资本，合作经营</td>
</tr>
</table>

【资料来源：百度文库，http://wenku.baidu.com/view/a2d119116c175f0e7cd13759.html】

第二节　战略地位与行动评价矩阵

有了判断你就要行动，就要坚决执行，否则要战略做什么？

——孙宏斌（融创集团董事会主席）

战略地位与行动评价矩阵（Strategic Position and Action Evaluation Matrix，简称 SPACE 矩阵）采用两个内部维度［财务优势（FS）与竞争优势（CA）］和两个外部维度［环境稳定性（ES）与产业优势（IS）］来进行战略匹配。财务优势与环境稳定性构成纵坐标，竞争优势与产业优势构成横坐标，企业的战略地位被分为进取、保守、防御和竞争四个象限，如图 4-1 所示。

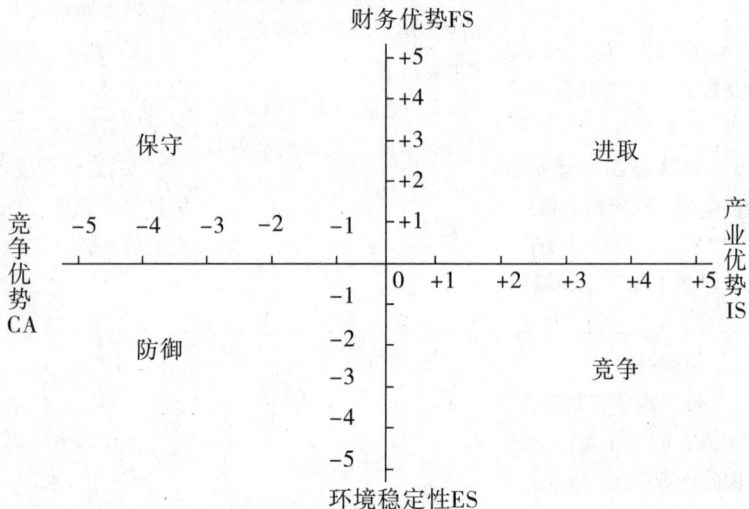

图 4-1 SPACE 矩阵

在 SPACE 矩阵分析中，对 FS、ES、CA、IS 进行评价时，需要赋予其内部的各个分指标相应的权重，再对每一个分指标进行评分，最终得出四大因素的分值。FS 评分范围为 1~5 分，分值越高，即企业具有越强的财务优势。ES 评分范围为 -5~-1 分，分值越高表示环境越趋稳定，分值越低表示环境越不稳定。IS 评分范围为 1~5 分，分值越高表示产业价值越高，对投资者的吸引力越强。CA 评分范围为 -5~-1 分，-1 分表示企业处于竞争优势地位，-5 分表示企业处在竞争劣势地位。这四大因素的评价指标如图 4-2 所示。

SPACE 矩阵分析的步骤如下：

（1）分别选择构成财务优势、竞争优势、环境稳定性和产业优势的内部变量，并明确组内变量的权重。

（2）对各个变量进行评分。

（3）分别加总得出四大变量的总加权评分，作为四个维度的分值。

（4）将 FS、ES、CA、IS 的分值标在对应维度的坐标轴上。

（5）将横坐标上的两个分数相加，计算出其平均值，得出的分值即为企业

投资收益、偿债能力、流动资金、退出市场的便利性、业务风险

财务优势

市场份额、产品质量、产品生命周期、用户忠诚度、专有技术知识

竞争优势

产业优势

产业的增长潜力、盈利潜力、业绩稳定性、专有技术知识、资本密集性、进入市场的便利性

环境稳定性

技术变化、需求变化性、通货膨胀、竞争产品的价格范围、市场进入壁垒、竞争压力、价格需求弹性

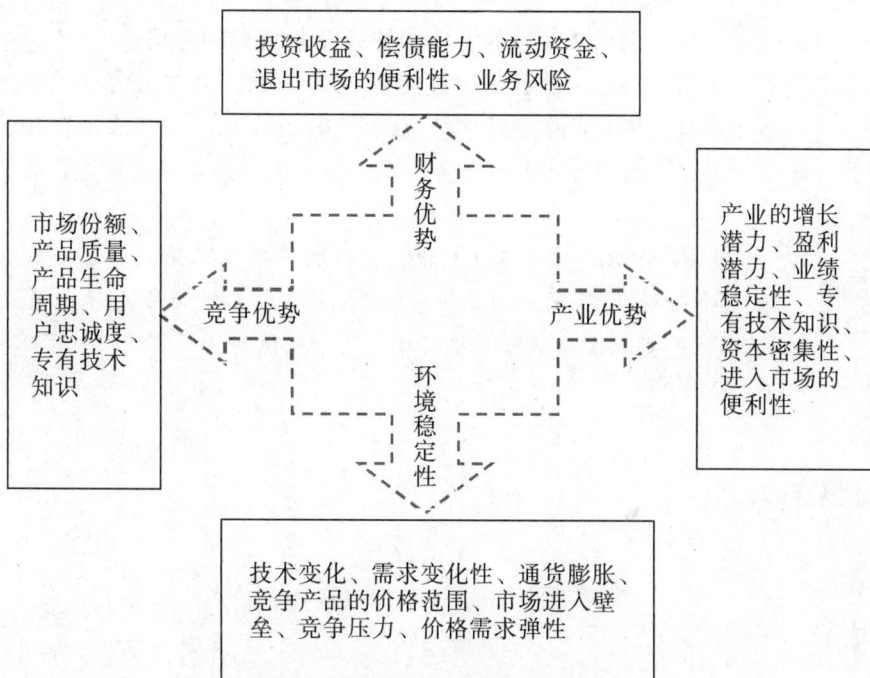

图4－2　SPACE四个因素的评价指标

战略地位的横坐标值；同理，将纵坐标上的两个分数相加，计算出其平均值，得出的分值即为企业战略地位的纵坐标值。

（6）根据企业战略地位的横坐标值与纵坐标值即可对企业的战略地位进行定位。

企业的最终战略地位决定企业应采取何种与之相适应的战略行动，战略地位分为进取、保守、防御和竞争四类区域。不同的战略地位区域都有与之相匹配的战略行动，战略地位与战略行动的关系如下：

进取象限：采取市场渗透、市场开发、产品开发、一体化、多元化等战略。

保守象限：采取市场渗透、市场开发、产品开发及集中多元化等战略。

防御象限：采取收缩、剥离、清算和集中多元化等战略。

竞争象限：采取一体化、市场渗透、市场开发、产品开发等战略。

在同一象限内，不同的坐标组合也代表不同的意思，其中在第一象限内：（＋1，＋5）表示该公司的财政实力在行业内是主要因素；（＋4，＋4）表示在一个稳定发展的行业中，该企业拥有雄厚的资金实力，已获得主要的竞争优势。其中在第二象限内：（－2，＋4）表示在一个增长趋势不明显的行业中拥有财政实力的公司，该公司没有主要竞争优势；（－5，＋2）表示在技术稳定但销售下降的行业中，该公司的发展深受主要竞争劣势的制约。其中在第三象限内：

（-5，-1）表示在稳定但增长缓慢的行业中缺乏竞争实力的公司；（-1，-5）表示在缺乏稳定性的行业中处于竞争优势地位的公司。其中在第四象限内：（+5，-1）表示在稳定的行业中产业优势强的公司；（+1，-4）表示在缺乏稳定性的行业中产业价值低的公司。

> **战略指南**　　在 SPACE 矩阵的使用中，当分析的行业不同，构成四个维度的指标也不同。SPACE 矩阵对风险问题特别关注，因此 SPACE 矩阵比较适合于风险较大的行业使用。

案例 4 - 2

某家电企业的 SPACE 矩阵分析

表 4 - 3　某家电企业的 SPACE 矩阵因素

		分数	平均值
财务优势	资产负债率为 60.13%，比行业标准 55% 高出 5.13%	2.0	2.50
	资产报酬率为 4.77%，行业平均为 7.20%	1.0	
	净收入为 10.03 亿美元，比去年上升 7%	4.0	
	营业额达到 42 亿美元，比去年增加 5%	3.0	
产业优势	行业管制放松，在产品开发方面更加自由	3.0	3.00
	管制放松带来更多的竞争	2.0	
	可以跨地区和国家兼并其他企业	4.0	
环境稳定性	出口国家面临通货膨胀，并且政治局势不稳定	-5.0	-4.00
	在资金方面过于依赖发达国家的销售回款	-3.0	
	行业的管制放松导致一些不稳定的因素	-4.0	
竞争优势	销售网点分布广泛	-2.0	-2.33
	同行业的其他家电企业竞争力在增强	-4.0	
	拥有庞大的客户基础	-1.0	

首先，列出关键要素并打分，并且给每个维度中的关键要素赋予均等权重，即每个维度的权重之和等于 1。

然后，计算坐标轴上的点：

横坐标：产业优势 + 竞争优势 = 3.00 + （-2.33）= 0.67

纵坐标：财务优势 + 环境稳定性 = 2.50 + （-4.00）= -1.50

最后，在坐标轴上画出相应射线，得：

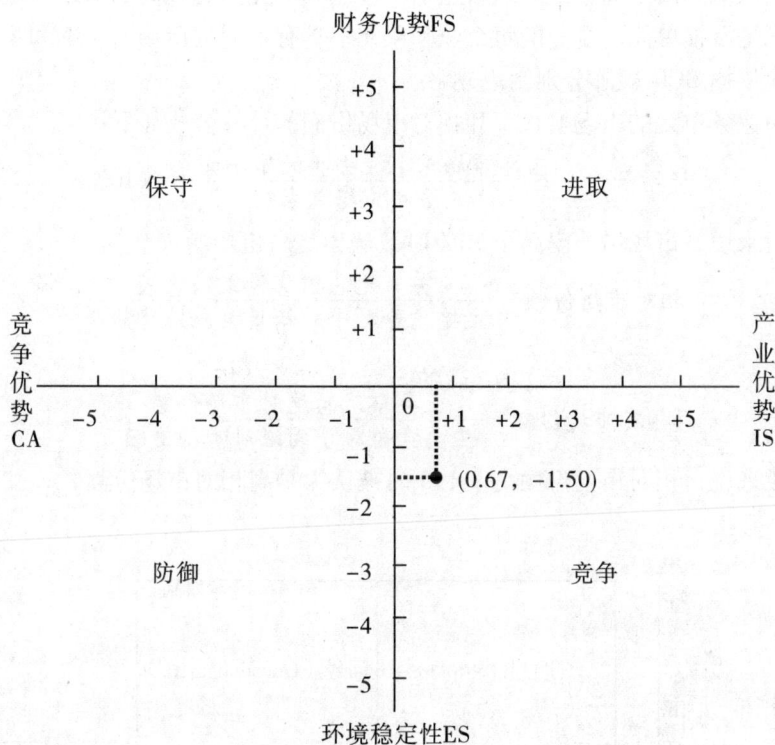

图 4-3 该家电企业的 SPACE 矩阵

经过上述分析，可以看出该家电企业应采取的是竞争型发展战略。

【资料来源：MBA 智库，http://wiki. mbalib. com/wiki/战略地位与行动评价矩阵】

第三节　BCG 矩阵

制定公司层战略最流行的方法之一就是 BCG 矩阵。

——科尔尼咨询公司

波士顿矩阵是由波士顿咨询集团（Boston Consulting Group，BCG）研究开发出来的，简称 BCG 矩阵，又称为市场增长率—相对市场份额矩阵。

BCG 矩阵假定组织至少有两个业务单元，将每一个业务单元标在一组二维的矩阵图上，这个矩阵图以市场增长率为纵轴，从低到高；以相对市场份额为横轴，也是从低到高。通过矩阵图来显示哪些业务单元具有较高的潜在收益，哪些业务单元是亏损单元。企业的每个业务单元都具有不同的市场增长率和相对市场份额，应依据 BCG 矩阵分别制定战略。

其中业务单元的市场增长率和相对市场份额的计算公式如下：

$$市场增长率 = \frac{当年市场需求 - 去年的市场需求}{去年市场需求} \times 100\%$$

一般来说，市场增长率高于 10% 时被认为是高市场增长率。

$$相对市场份额 = \frac{业务单元的销售量或销售额}{主要竞争对手的销售量或销售额}$$

或：

$$相对市场份额 = \frac{业务单元的绝对市场份额}{主要竞争对手的绝对市场份额}$$

一般来说，相对市场份额高于 1.5 时被认为是高相对市场份额。

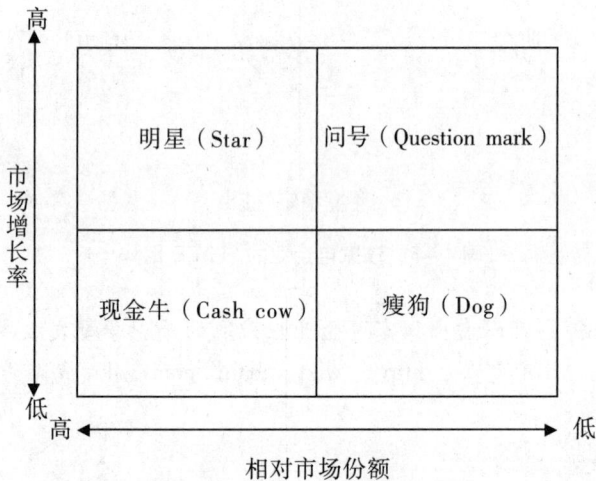

图 4-4 BCG 矩阵

（1）位于第三象限的现金牛（低增长，高市场份额）。落在这个象限的业务可以为企业带来大量的现金，但是它未来增长的潜力极其有限。

（2）位于第二象限的明星（高增长，高市场份额）。这些业务处于快速增长的市场中，并且占有较高的市场份额，还有较高的市场增长率，企业投入资源的多寡决定了这些业务所创造的现金流。

（3）位于第一象限的问号（高增长，低市场份额）。这些业务具有较好的发展前景，但占有的市场份额较小。

（4）位于第四象限的瘦狗（低增长，低市场份额）。处于这个范畴的业务既不创造也不消耗大量的现金，但这些业务只有低市场份额和低市场增长率。

BCG 矩阵的战略含义就是，管理者应尽最大可能从现金牛身上获取现金，但不再对这些业务增加投入；将从现金牛身上收获的大量现金，投资于明星业务和问号业务，这些业务有较大的未来增长潜力。并且，大量投资明星业务能使得这些业务保持继续增长和较高的市场份额。但是，随着市场容量逐渐趋于饱和、增长速度减缓，明星业务也会演变为现金牛。对于管理者来说，对问号业务作出准确决策是最为困难的，经过一番判断分析，会出售其中一些业务，而另一些业务将有可能转变为明星业务。瘦狗业务基本是被出售或清算的业务，因为它们的市场占有率和市场增长率均很低。

BCG 矩阵适合分析多元化公司的业务组合问题。

案例 4 - 3

某电信集团的业务 BCG 矩阵

为了解某电信集团公司目前各业务的状况，本书以业务市场增长率为纵轴，相对市场份额为横轴，运用 BCG 矩阵分析方法对该电信集团公司的主要业务进行分类，形成如图 4 - 5 所示的业务 BCG 矩阵。

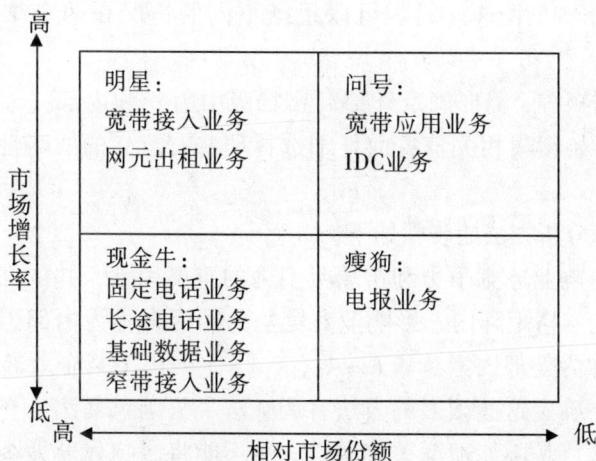

图 4 - 5　某电信集团公司业务 BCG 矩阵分析

由图4-5可以看出，宽带应用业务、IDC业务属于问号业务，通过仔细分析，发现IDC业务将转变为瘦狗业务，企业应该将其清算出售，宽带应用业务可以转变为明星业务，应加大投资力度，使其尽快转变为明星业务；宽带接入业务、网元出租业务属于明星业务，企业应该继续增加投资；固定电话业务、长途电话业务、基础数据业务、窄带接入业务属于现金牛业务，可以产生稳定的现金流，用以支持明星业务和问号业务，不需要再加大投资；电报业务属于瘦狗业务，市场份额低，发展潜力也比较小，企业应该将其清算出售。

第四节　九方格矩阵

战略管理不是一个魔术盒，也不只是一套技术。战略管理是分析式思维，是对资源的有效配置。计划不只是一堆数字。战略管理中最为重要的问题是根本不能被数量化的。

——彼得·德鲁克

九方格矩阵也称内部—外部矩阵，它与BCG矩阵同属业务组合矩阵，对企业的业务进行标识并检查企业的业务组合状态，可以根据业务单元在市场上的竞争力和所在市场的吸引力（或行业吸引力）对这些业务单元进行评估，也可以表述一个公司的业务单元组合，并判断其强项和弱项。从市场吸引力和业务竞争力两个维度评估现有业务单元，每个维度分三级，分成九个格以表示两个维度上不同等级的组合（见图4-6）。可以根据不同的情况在两个维度上确定评价指标。

绘制九方格矩阵，需要确定外部（市场吸引力）和内部（业务竞争力）因素，因此，在开始搜集相关信息前仔细选择那些有意义的战略性业务单元尤为重要。

九方格矩阵分析方法的步骤如下：

（1）找出影响业务竞争力和市场吸引力的重要因素，并依据因素的重要性赋予权重。在九方格矩阵内，影响业务竞争力的因素称为内部因素，影响市场吸引力的因素称为外部因素。表4-4、表4-5列出了某企业经常考虑的一些内、外部因素。确定这些因素的方法有调查法、头脑风暴法、专家法等，这个步骤最重要的一点是不能遗漏关键因素，也不能将影响程度微小的因素纳入分析之中。

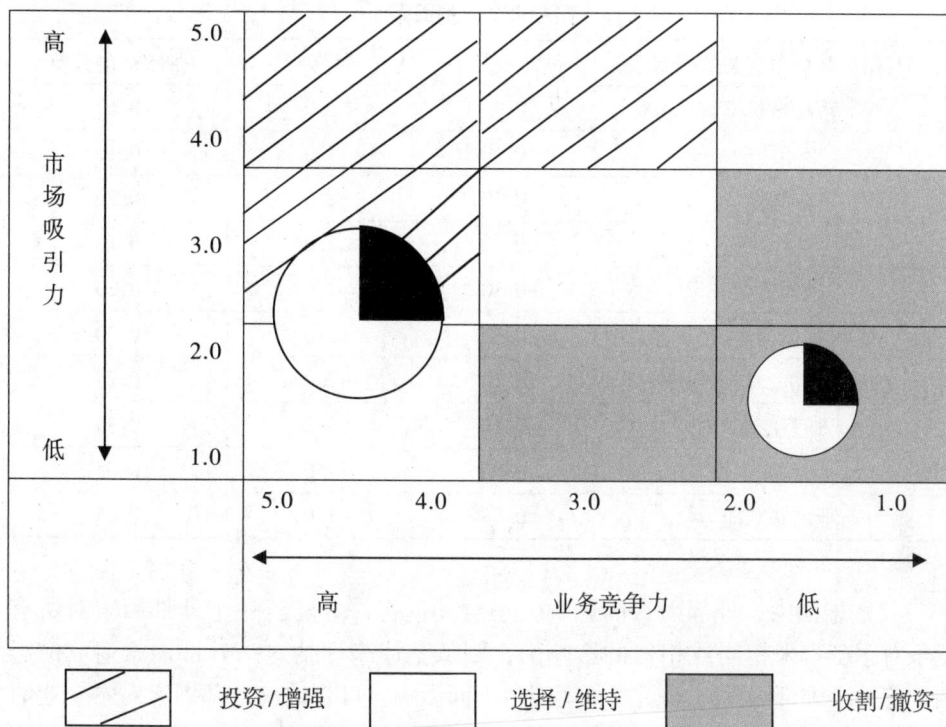

图 4 - 6　九方格矩阵

表 4 - 4　内部因素

与业务竞争力有关的因素	重要性	评分	加权后的分数
营销能力	0.15	4.0	0.60
知名度	0.10	5.0	0.50
技术开发能力	0.05	4.0	0.20
产品质量	0.10	3.0	0.30
行业经验	0.05	4.0	0.20
融资能力	0.15	4.0	0.60
管理水平	0.05	3.0	0.15
产品系列宽度	0.10	5.0	0.50
生产能力	0.05	4.0	0.20

表4-5 外部因素

与市场吸引力有关的因素	重要性	评分	加权后的分数
市场增长率	0.20	3.0	0.60
市场规模	0.10	1.0	0.10
盈利性	0.10	2.0	0.20
竞争对手	0.10	1.0	0.10
进入壁垒	0.10	2.0	0.20
市场容量	0.10	3.0	0.30
政治、经济、技术环境	0.10	2.0	0.20
通货膨胀	0.10	3.0	0.30
人才可获得性	0.05	1.0	0.05
行业的获利能力	0.05	1.0	0.05

（2）根据内、外部因素的影响大小对其进行评分。若一个外部因素对所有竞争对手都带来相同或相似的影响力，则从整体来评估这一外部因素造成的影响；若一个外部因素对不同竞争者产生不同影响，可将这一外部因素对本企业的影响和主要竞争对手的影响进行比较。采用的评分范围为1~5分：1为毫无吸引力，2为没有吸引力，3为吸引力中等，4为有吸引力，5为极有吸引力。同样，对内部因素的评分范围也为1~5分：1为竞争极度劣势，2为竞争劣势，3为同竞争对手持平，4为竞争优势，5为竞争极度优势。

（3）根据市场状况和企业经营状况确定市场吸引力因素和业务竞争力因素的分值，再用权重乘以分值，得出每个因素的加权分数，将各因素的加权分数汇总，得到市场吸引力和业务竞争力的总加权值。

（4）将战略业务单元标在九方格矩阵上。矩阵纵轴为市场吸引力，横轴为业务竞争力，在每个坐标轴上用两条线将数轴划为三部分，这样就分成了九个格。两坐标轴刻度可以为高中低或1.0至5.0（1.0~2.0为低等水平、2.0~4.0为中等水平、4.0~5.0为高等水平）。此外，可以用圆来表示企业的一个业务组合在市场或行业中所处的地位，圆面积大小与相应单位的销售规模成正比，而阴影扇形的面积代表其市场份额。这样九方格矩阵就能为企业决策提供更多的参考信息。

（5）通过对战略业务单元在矩阵上的位置分析（1.0~2.0为低等水平、2.0~4.0为中等水平、4.0~5.0为高等水平），企业领导层就可以选择相匹配的战略。可将这一匹配过程归结为"高位优先发展，中位谨慎发展，低位捞它一把"。

用图4-6进行分析，企业可采取的举措有：

阴影区域：采取增长与发展战略，优先进行资源投入；白色区域：采取维持或有选择发展战略，维持现有规模，适时调整发展方向；深色区域：采取停止、转让、退出战略。

案例 4-4

某燃烧机企业的九方格矩阵分析

该企业从事燃烧机的生产销售及其配件的配套应用，销售网络是中国及世界各地区，主导产品为中高压调压器、储运装备等设备。

该企业本着"服务于全球热能技术"的企业理念，持续开发高技术、高环保的新产品。为了更好地实现持续发展，现阶段该企业对主导产品进行评估，以便制定更优的战略组合。经专家商讨后，该企业决定利用九方格矩阵对企业主导产品进行分析、制定战略（见图4-7）。其中①代表的是中高压调压器，②代表的是储运装备。

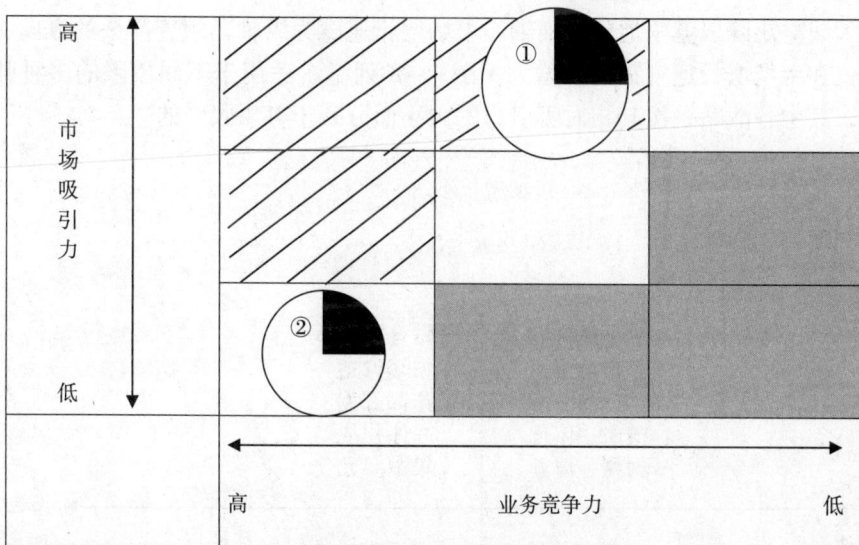

图 4-7　某燃烧机企业的九方格矩阵分析

该燃烧机企业进行九方格矩阵分析后，发现中高压调压器市场吸引力得分为4.2，业务竞争力得分为2.9，位于图4-7的阴影区域，应采取增长与发展战略，优先分配资源，具体的战略措施是市场细分以追求主导地位。储运装备市场吸引力得分为1.0，业务竞争力的得分为4.4，位于图4-7的白色区域，应采取维持或有选择发展战略，保护现有规模，调整发展方向，具体的战略措施是维持地位，不追加投资。

【资料来源：广东百特燃烧机有限公司官网，http://www.gd-baite.com】

第五节　大战略矩阵

如同外科医生的手术箱里，有各种不同的工具一样，军事手段也只是达成大战略的手段之一。

——利德尔·哈特（英国军事理论家）

大战略矩阵是企业常用的制定备选战略的工具，每个象限内集中了多种战略选择。每家企业都可以依据其在行业内的市场地位与增长速度在四个象限内找到自己的战略地位，并通过进一步分析，选择匹配本企业的战略。企业的各业务单元也可以按照这种方法选择各自的战略，因此大战略矩阵不仅可以制定整个企业的备选战略，还可以制定业务单元的备选战略。

大战略矩阵以竞争地位为横轴，市场增长速度为纵轴，顺着箭头的方向，竞争地位和市场增长速度都逐渐增大。图4-8列举了适用于不同象限的多种战略选择，其中各战略是按其相对吸引力的大小而分列于各象限中的。

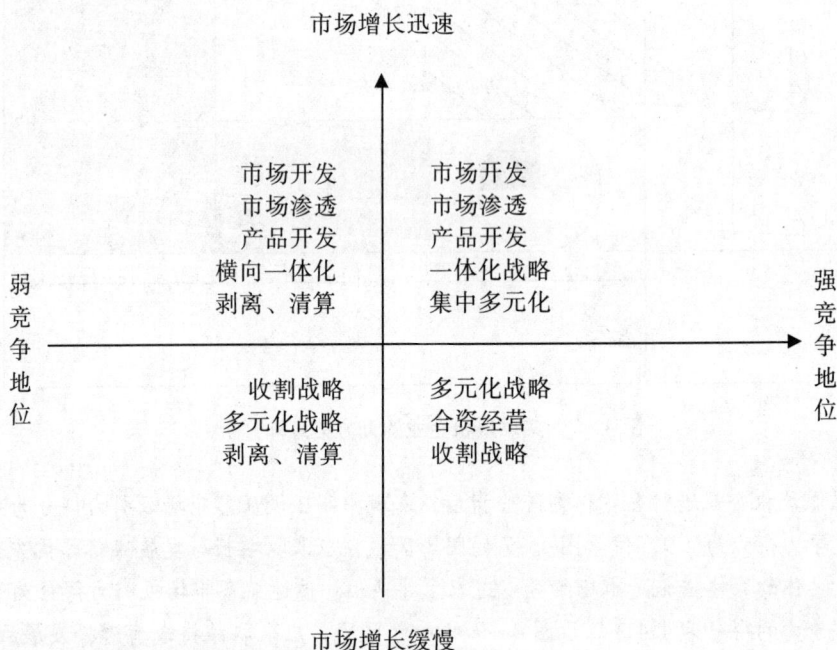

市场增长迅速

市场开发 市场渗透 产品开发 横向一体化 剥离、清算	市场开发 市场渗透 产品开发 一体化战略 集中多元化
收割战略 多元化战略 剥离、清算	多元化战略 合资经营 收割战略

弱竞争地位　　　　　　　　　　　　　　　　　　强竞争地位

市场增长缓慢

图4-8　大战略矩阵

第一象限内集中了市场开发、市场渗透、产品开发、一体化战略、集中多元化等备选战略。一般来讲，第一象限的企业处于极佳的战略地位，不应放弃或偏离已建立的竞争优势。这类企业应该坚持当前的业务组合，继续对当前业务选择市场开发、市场渗透以及产品开发的战略。当企业内部资源过剩时，一体化战略是不错的选择，可以降低企业经营风险。当企业过度集中发展一种产品时，产品线的狭窄会导致企业经营风险增大，可以采取集中多元化的战略。第一象限的企业有很多机会，必要时不能畏手畏脚，要有一颗进取的心，也不能只坚持当前的竞争优势。因为随着外部环境的变化，这种竞争优势终有一天会消失殆尽，如果没有建立新的竞争优势，企业将会失去现在的战略地位。

第二象限内集中了市场开发、市场渗透、产品开发、横向一体化与剥离、清算等备选战略。第二象限的企业处于快速增长的行业内，但是其不能进行有效竞争，占据有利市场地位。这类企业应该分析其竞争战略是否恰当，为何无法建立竞争优势，如果有必要，应革新竞争战略。强化战略（与一体化战略或多元化战略相反）通常是企业应当考虑的首选战略，横向一体化往往是理想的备选方案。但是企业往往因为没有自己的特色能力而处于竞争劣势，为了集中精力实施横向一体化战略，可以将处于战略次要地位的业务剥离或清算，把获得的资源和资金用于收购其他企业。

第三象限内集中了收割战略、多元化战略与剥离、清算等备选战略。第三象限的企业处于市场增长缓慢和竞争力不足的双重弱势地位。如果已确定企业业务处于行业衰退阶段，应该实施收割战略。为了可持续发展，企业应发现新市场、新领域，着手将资源从现有业务领域转向新业务领域。最后阶段，企业应实施剥离或清算战略，迅速退出该行业，以免亏损更多。

第四象限内集中了多元化战略、合资经营、收割战略等备选战略。第四象限的企业所在行业增长缓慢，但处于竞争优势地位。这类企业有充足的现金流和足够的能力对有潜力的业务领域实施多元化战略。同时，行业增长缓慢，对企业而言，合资经营是一种可选择的双赢战略。

案例 4-5

大战略矩阵分析实例

某家电企业是一个多元化集团，旗下拥有三个产品系列，分别是彩电、电冰箱、微波炉。家电行业的竞争越来越激烈，该企业为了可以保持竞争优势，利用大战略矩阵对这三个产品系列进行战略分析，发现彩电产品系列市场份额大，具有较强的竞争地位，但彩电市场已趋饱和，市场增长缓慢，属于大战略矩阵第四象限的业务，应实施合资经营的战略；电冰箱产品系列市场份额比较小，属于市场追随者，竞争地位弱小，并且市场增长速度缓慢，属于大战略矩阵第三象限的业务，应实施剥离战略，迅速撤离该产业；微波炉产品系列市场份额小，具有较弱的竞争地位，但属于新兴市场，市场增长速度快，属于大战略矩阵第二象限的业务，应投入资源重点发展，实施市场开发和市场渗透战略。

第六节　定量战略计划矩阵

战略不是能够在会议桌旁随随便便拼凑起来的东西。

——特里·哈勒（战略管理学家）

一、定量战略计划矩阵概述

通过 SWOT 矩阵、SPACE 矩阵、BCG 矩阵、九方格矩阵及大战略矩阵的分析，得到的是可选择方案的集合，如何比较该集合中方案的优劣，并根据企业的实际情况对方案进行取舍，这可以用定量战略计划矩阵分析。

定量战略计划矩阵（Quantitative Strategic Planning Matrix，简称 QSPM）是企业进行战略选择的重要分析工具，可以告诉管理者哪一种战略是最佳战略。定量战略计划矩阵的顶行包括了从 SWOT 矩阵、SPACE 矩阵、BCG 矩阵、九方格矩阵和大战略矩阵中得出的备选战略；QSPM 的左栏列举了从 EFE 矩阵和 IFE 矩阵直接获取的信息即关键因素，在紧靠关键因素右边的一列中，将标出各关键因素在 EFE 矩阵和 IFE 矩阵中所得到的重要程度。

QSPM 的分析原理是：企业首先成立一个由企业内部高层管理者和企业外部的咨询专家组成的专家小组，再依据各备选战略能否使企业发挥内部优势、利用外部机会、减少内部劣势、消除外部威胁四个方面进行评分，最后根据得分的高低排列备选战略的优劣程度。

需要注意的是，在 QSPM 中一个重要的概念是战略的优劣程度，它是根据各备选战略利用和改善内外部因素的程度而定的，最终得出的结果并不是为了让企业从中作出取舍，而是获得一张根据重要程度和优化程度排列的战略清单，为企业决策提供信息。

二、QSPM 的步骤

（1）根据 EFE 和 IFE 矩阵结果，在 QSPM 的左栏列出公司的关键因素——外部机会与威胁、内部优势与劣势。应注意的是，在 QSPM 中内、外部关键因素均不能少于 10 个。

（2）对 QSPM 左栏中列出的关键因素赋予权重，这些权重应与 EFE 和 IFE 矩阵中的一致。

（3）从 SWOT 矩阵、SPACE 矩阵、BCG 矩阵、九方格矩阵和大战略矩阵中得出备选战略。需注意的是，并不是说每种备选战略都要在 QSPM 中予以评价，战略分析者必须根据其直觉判断以及在实践中积累的丰富经验，将那些明显不可行的战略方案排除，只在 QSPM 中列举有较强吸引力的战略。

（4）确定吸引力分数（AS）。给出各关键因素在每个备选战略中的相对吸引力分数。AS 的确定可采用如下程序：对所要考察的每一个关键因素，都提出"这一关键因素是否影响战略的选择?"这一问题。若回答"是"，对这一关键因素对各战略的影响进行比较并确定分值；若回答"否"，不给该组战略以吸引力分数。评分最高为 4 分，最低为 1 分，其中 1 为没有吸引力，2 为有一些吸引力，3 为相当有吸引力，4 为很有吸引力。

（5）计算吸引力总分（TAS）。TAS 等于各关键因素的权重与吸引力分数的乘积。吸引力总分越高，该关键因素对选择某种备选战略的吸引力和影响程度就越大。

（6）计算吸引力总分和（STAS）。吸引力总分和是吸引力总分加总而得的，其值的大小反映了哪种备选战略是备选战略组中最具吸引力的，也表现了该战略相对于其他战略的可取程度。

案例 4 - 6

QSPM 分析实例

如表 4 - 6 所示的 QSPM 中，有两种备选战略：某连锁商店正在考虑是在欧洲建立合资企业，还是在亚洲建立合资企业。

表4-6 某连锁商店的定量战略计划矩阵

关键因素		权重	备选战略			
			在欧洲建立合资企业		在亚洲建立合资企业	
			AS	TAS	AS	TAS
机会	（1）欧洲的统一	0.15	3	0.45	2	0.30
	（2）消费者在选购商品时更加重视健康因素	0.10	4	0.40	4	0.40
	（3）亚洲自由市场经济的上升	0.15	2	0.30	3	0.45
	（4）对汤料的需求每年增长10%	0.10	4	0.40	3	0.30
	（5）北美自由贸易协定	0.05	—	—	—	—
威胁	（1）对食品的需求每年仅增长1%	0.05	4	0.20	2	0.10
	（2）竞争对手产品占据较大市场份额	0.10	—	—	—	—
	（3）不稳定的亚洲经济	0.10	4	0.40	1	0.10
	（4）罐头盒不能被生物降解	0.10	—	—	—	—
	（5）美元的贬值	0.10	4	0.40	2	0.20
优势	（1）盈利增长30%	0.15	4	0.60	2	0.30
	（2）新建立的北美分公司	0.05	—	—	—	—
	（3）成功的新健康汤料	0.10	3	0.30	2	0.20
	（4）电视食品的市场份额已增长至25.1%	0.05	4	0.20	3	0.15
	（5）所有管理人员奖金的1/5是基于公司的整体业绩	0.10	—	—	—	—
	（6）生产能力利用率从60%提高到80%	0.10	4	0.40	4	0.40
劣势	（1）饮料的销售额下降了7%	0.05	—	—	—	—
	（2）企业重组花去3.02亿美元	0.05	—	—	—	—
	（3）公司在欧洲的经营正在亏损	0.10	3	0.30	4	0.40
	（4）公司国际化经营进展缓慢	0.20	3	0.60	3	0.60
	（5）税前盈利率为8.4%，仅为产业平均水平的一半	0.05	—	—	—	—
总计		2.00		4.95		3.90

由表4-6分析可知，备选战略1：在欧洲建立合资企业的吸引力总分为4.95；备选战略2：在亚洲建立合资企业的吸引力总分为3.9。因此，相比于在亚洲建立合资企业，在欧洲建立合资企业是更可取的战略选择。

值得注意的是，对战略选择没有影响的关键因素，在其对应的行中划"—"。

【资料来源：MBA智库，http://wiki.mbalib.com/wiki/定量战略计划矩阵】

★ 本章小结

企业不仅要把事情做正确，还要做正确的事情。战略的分析工具帮助企业确定企业现在做的事情是否正确以及选择正确的事情去做。本章给出了常用的战略选择的分析工具：SWOT矩阵、SPACE矩阵、BCG矩阵、九方格矩阵、大战略矩阵和定量战略计划矩阵。这些分析工具的分析结果是企业战略目标和战略方案制定的基础与依据。

第五章　战略目标的制定

CHAPTER 5

联想欲用三年时间成为全球 PC 第一

2011 年，联想集团在走出金融危机的低谷，排名全球 PC 行业第二名之后，宣布杨元庆担任集团董事长，联想也由此进入杨元庆时代。

"杨元庆时代"的联想除了继续深化联想的"进攻＋保卫"的双拳战略外，也确定了其发展战略目标：用三年时间使联想成为全球 PC 市场第一名。

1. 深化"双拳"战略

联想"进攻＋保卫"的双拳战略执行有力，是联想能够不断进步的核心原因。接下来，联想会继续深化双拳战略，一方面"保卫"现有的市场业务领域，另一方面"进攻"新兴市场和全球交易型业务市场。这一战略的推出和有效执行，使得联想营业额飞速上涨，并扭亏为盈。

2. 三年争全球 PC 老大

由于全球 PC 巨头——惠普内部经历了一场动荡，联想踌躇满志："竞争对手如果犯错的话，（成为全球第一名的）时间会更短，而且对手一定会犯错。"

除了信心外，联想还在着手其他方面的准备工作，为争第一做好铺垫。首先，在制造环节上，把制造外包逐渐转移到自有工厂的生产上来。其次，在供应链环节上，联想在成本、质量、现金流以及交付等方面，以六西格玛管理为标准，推动产品质量的提高，并为客户带来更优质的体验服务，打造一个突破性的、全新的供应链交付方式。最后，在未来的产品战略上，联想人对移动互联网和数字家庭业务也颇具信心。联想除了开发基于 Android 开放系统的乐 Pad 产品外，也为客户开发了成千上万种应用软件。

【资料来源：李瀛寰. 联想欲用三年时间成为全球 PC 第一 [J]. 时代周报，2011（44）】

──────────
案例启示
──────────

那些基业长青的公司都保持着崇高的使命和不变的核心价值观，并以此作为企业动力和法则来不断地适应着外部环境的变化，塑造了令人敬仰的企业文化和伟大事业。德鲁克曾经指出，建立一个明确的使命是战略家首要的责任。本章主要讨论企业使命、战略思想以及在此指导下的战略目标，希望能给读者以启发。

第一节 企业使命

现在 IBM 所需要的最后一个条件就是愿景。现在 IBM 所需要的最重要的东西就是愿景。

——路易斯·格斯特纳（IBM 前首席执行官）

一、企业愿景

企业愿景是企业家对企业未来的发展前景和发展方向一个高度概括的描述。企业愿景主要由两方面组成：核心理念和对未来的展望。核心理念界定了企业的主张以及企业存在的理由；对未来的展望是渴望成为的企业、渴望达成的目标、渴望创造发明的东西。例如麦当劳的愿景是：控制全球食品服务业；微软公司的愿景是：计算机进入每一个家庭，放在每一张桌子上，使用微软的软件。

二、企业使命

企业使命是对企业业务经营领域、战略目标等的概括性阐述，它比企业愿景更加生动具体地向公众传达了企业的本质和发展方向。另外，企业使命是企业进行战略管理活动的起点，是企业对自己正确定位的必要条件。定义企业使命需要回答这样的问题：现在是什么样的企业？将来渴望成为什么样的企业？目标客户是谁？经营范围是什么？企业只有清楚明白自己的经营范围和目标客户群体，才能掌握企业的发展方向，不至于偏离正常的发展轨道。例如惠普公司的愿景是"让人类自由驾驭科技"，其企业使命是"创造信息产品，以加速知识的进步，并从本质上提高个人和组织的效率"。

企业使命回答了企业为什么存在，阐述了企业价值观，还解释了企业业务经营范围及指导其开展经营活动的行为规范与原则。一般来说，企业使命是高度概括表达的结果，因此它是抽象的，没有表述企业具体的经营活动，只是阐述了开展经营活动的总目标、总方向、总指导思想。

具体来说，企业使命的含义体现在以下三方面：

（1）企业存在的原因或者理由。有些企业是为了提供某种产品或者服务而形成的，有些企业是为了满足某种需要而存在的，还有些企业是为了承担某种不可或缺的职责而成立的。不同的企业有不同的存在理由。若一个企业找不到存在的理由，这个企业就有很大的问题，换句话说，这个企业失去了存在的意义。

（2）企业追求的价值理念，即经营哲学。企业经营哲学是对企业经营活动本质性认知的高度概括，包括企业价值观、信念和行为准则等方面的管理哲学，主要通过对企业内外部环境的态度来表现。企业的经营哲学一旦形成，就会对企业经营活动发挥指导性作用。例如，某些电器生产商的经营哲学是：努力改善和提高人们的社会生活水平，提供的电器像"自来水"那样便宜和充足。

（3）企业形象定位。它反映了企业试图为自己树立的形象，例如"我们是一个有责任的企业""我们是一个环保的企业""我们是一个代表世界先进技术的企业"等。在明确的形象定位指导下，企业的经营活动就会始终向公众显示这一点。

> **战略指南**
>
> 为了更好地表述企业使命，一般需要从九个方面加以考虑：企业的目标客户、企业提供的产品或服务、企业的目标市场、企业使用的技术、企业的经营哲学、企业的发展潜力、企业的利益相关者、企业的自我认知、企业的公众形象。并不是企业的使命表述一定要包括以上九个方面，它们只是确定企业使命表述的参考指标。

第二节　战略思想与战略重点

伟大的精神永远不会从平庸的思想中产生。

——阿尔伯特·爱因斯坦

人的思想是万物之固。你播种一种观念，就收获一种行为；你播种一种行为，就会收获一种习惯；你播种一种习惯，就会收获一种性格；你播种一种性格，就会收获一种命运。总之，一切始于你的思想。

——佚名

一、战略思想

战略思想是制定和实施战略的指导思想，贯穿于整个战略管理过程，对于战略目标的确定、战略方案的执行都具有重要意义。企业要确立合适的战略思想，必须注意以下内容：

（1）满足市场需求的思想。企业经营宗旨是满足顾客需要，为顾客提供最大利益。市场需求是顾客需要的集中体现，也是企业存在和发展的前提，企业要想持续发展壮大，就必须时刻以满足市场需求的思想作为战略指导。

（2）未来的思想。战略是对未来的谋划，是企业未来发展方向的指南针，不能只着眼于眼前利益，要有长远的眼光。因此，企业在制订战略方案时要具备未来的思想，要考虑战略对企业未来发展是否有利。

需要注意的是，要想确定适合企业的战略思想，管理者必须具备高瞻远瞩、创新求变、灵活多变的战略头脑。

二、战略重点

战略重点是指对实现战略目标有着关键意义的项目或部门。战略重点决定战略目标是否可以实现，因此，在战略实施的每一个阶段企业都需要明确战略重点，掌握每一个阶段战略重点的改变，及时作出相应的调整。战略重点具有以下重要意义：

（1）企业在战略管理过程中不可能面面俱到，需要确定战略重点，集中优势力量完成战略目标。

（2）战术上，战略重点则表现为集中优势力量有针对性地逐步消除企业的弱点，对重点发展的业务，企业优先配置资源，并有重点地推进行动的步步开展，以实现企业的突破性发展。

（3）战略重点关乎战略目标的实现，等同于关乎企业的长远发展，因此企业紧抓战略重点，有利于企业保持健康稳定发展。

案例 5 - 1

致力于全球知名度、以价值为取向的韩国三星公司

三星集团是韩国一家大型的混合型企业，主要经营电子产品和金融服务。在过去数年中，许多韩国公司由于进入多元化而陷入困境。三星为了避免重蹈覆辙，制定了独特的战略思想，以与世界知名企业相抗衡。

这一切都是在三星公司价值观的指引下产生的——我们致力于通过我们的人员和技术创造出一流的产品与服务，造就一个更加美好的社会。

【资料来源：三星官网，www. samsungmobile.com】

第三节　战略目标

一个企业不是由它的名字、章程和公司条例来定义，而是由它的任务来定义的。企业只有具备了明确的任务和目的，才可能制定明确和现实的企业目标。

——彼得·德鲁克

一、战略目标的内涵

企业使命在总体上描述了企业存在的理由与发展方向，而企业战略目标则是企业使命的具体化和明确化。具体来说，战略目标是指企业预期进行战略经营活动能获得的结果，如市场份额、利润率、生产率等。战略目标具有如下特点：

(1) 全面性。战略目标是企业经营活动的预期结果，它着眼于全局与整体，又不排斥局部。并且战略目标需要统一企业行动，要求员工行动一致。因此，科学的战略目标应具有全面性，以指导企业的经营活动。

(2) 稳定性。企业制定的战略目标一般是长期目标，在企业实施战略目标阶段应该是相对不变的。因为在企业实施战略阶段，只有战略目标不变，员工行动才具有一致性，才会对战略目标的实现树立信心。但战略目标的稳定性并不排斥战略目标依据企业内外部环境的改变作出必要调整。

(3) 可分性。战略目标是企业经营活动的总目标，必须分解为具体目标，才具有可操作性。战略目标可以根据空间分解为具体目标，也可以根据时间分解为具体目标。因此，战略目标具有可分性，才具有实现的可能性。

(4) 可衡量性。战略目标应该具有可衡量性，这样才能确定战略目标是否实现，是否达到，因此战略目标必须确定地说明应在何时达到何种结果。而战略目标的定量化是使其具有可衡量性的最有效方法，虽然许多具体目标可以定量化，但战略层次比较高的战略目标是难以定量化的。在这种情况下，应该用定性化的语言具体描述其何时达到何种结果。可见，由于战略目标具有了可衡量性，战略目标才变得有实际意义。

(5) 挑战性。战略目标对企业来说是一种激励的力量，特别是当企业的战略目标与员工的个人目标结合在一起时，会极大地激发企业员工的上进心和创造性。因此，战略目标具有挑战性，是激发企业员工积极上进和创造的原动力。

（6）可实现性。企业制定的战略目标必须是通过全体员工努力可以实现的，否则就没有实际意义。企业在制定战略目标时应对企业内外部环境进行分析，判断企业可以实现目标的程度。战略目标既不可以异想天开定得过高，也不能妄自菲薄定得过低。

二、战略目标的内容

企业的战略目标是企业使命的具体化和明确化，以企业使命为其制定基础，应在分析企业内外部环境基础上展开。具体来说，战略目标是企业战略经营活动的预期结果，而企业的经营活动是多种多样的，涉及不同领域，因此战略目标也应该多样化。根据德鲁克在《管理实践》一书中提到的，企业的战略目标主要涉及八个关键领域的目标：

（1）市场地位目标。企业希望达到的市场份额或在竞争中占据的市场地位，一般用市场占有率、销售量来表示。

（2）技术创新目标。企业对改进和创造新产品、提供新服务或对各种技术进行创新设立的目标，一般以新产品或新服务数量、获得专利数量、完成项目数量来表示。

（3）生产力目标。企业对有效利用原材料，最大程度地提高产品的数量和质量设立的目标，一般以投入产出率、单位产品生产成本来表示。

（4）物资和财务资源目标。企业保证所需物资和资本的供应，以实现改善市场地位目的而设立的目标，一般以资本结构、现金流量、贷款回收期来表示。

（5）利润目标。企业希望达到的利润水平和盈利能力，一般以利润总额、净利率、投资收益率、销售利润率来表示。

（6）人力资源目标。企业对获得、培训、发展人力资源以及培养管理人员的目标，一般以缺勤率、流动率、培训人数等来表示。

（7）员工目标。企业希望员工所表现的状态，例如积极性、创造性等，一般实施激励等措施来实现员工目标。

（8）社会责任目标。企业对社会的影响和回报，一般以社会活动次数、捐助金额、服务天数来表示。

一家企业并不一定在以上所有领域都设定目标，并且战略目标也并不仅限于以上八个领域。

三、战略目标制定的步骤

一般来说，确定战略目标需要经历准备阶段、拟定目标、评价目标、选择目标四个具体步骤。

（一）准备阶段

在内外部环境分析、战略选择分析工具分析的基础上，考虑如何将企业愿景、企业使命、战略思想、战略重点具体化，就是战略目标制定需要准备的工作。

（二）拟定目标

依据准备阶段的分析，首先拟定战略目标方向，再通过对现有资源和能力的评估，对沿着战略目标方向开展的所能达到的战略高度作出判断，形成备选战略目标集。

（三）评价目标

企业应组织内部有关专家和外部咨询顾问对备选战略目标集进行评价，评价内容主要围绕三个方面：

（1）战略目标方向是否正确？战略目标是否符合企业使命和宗旨，是否能够发挥企业内部优势、利用外部机会、减少内部劣势、避开外部威胁。

（2）战略目标是否可行？按照战略目标的要求，分析企业的现实经营状况，找出目标与现状的差距，发现问题，再针对问题制定有效的解决措施，并且要尽量进行运算，用数据说明。若经过一系列分析证明，制定的措施对消除这个差距有充足的保证，那就说明这个目标是可行的。

（3）战略目标是否完善？这需要重点考察战略目标是否清晰明确；战略目标的各项是否协调一致、不相冲突；战略目标能否进一步改善等三方面内容。

（四）选择目标

最后对战略目标正确程度、战略目标可实现程度、战略目标期望效益等三方面综合考虑，选择最佳战略目标。一般来说，所选择的战略目标，对以上三方面的期望值应尽可能地大。

四、战略目标体系

战略目标不仅仅是指一个目标，而是由很多子目标构成的一个战略目标体系。从纵向上看，战略目标可以分解为一个树状结构图，如图5-1所示。

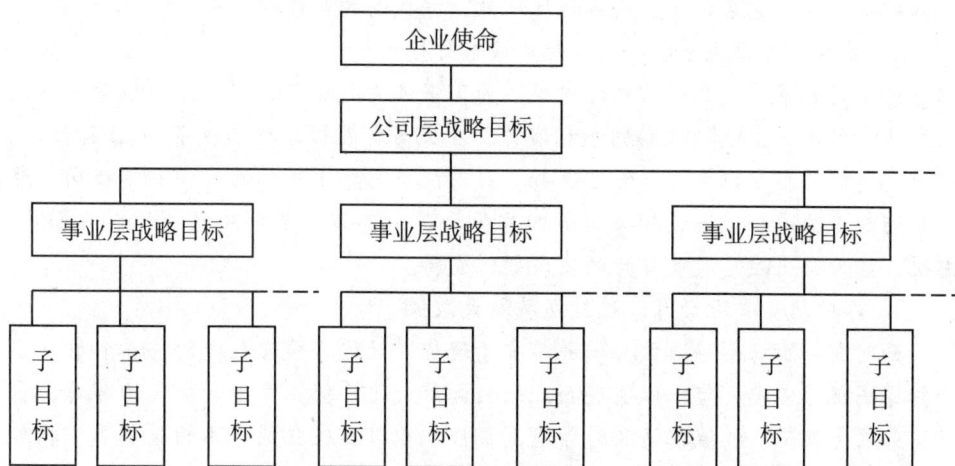

图 5 - 1　企业战略目标体系

从图 5 - 1 可以看出，企业首先根据企业使命制定公司层战略目标，为了保证公司层战略目标能够实现，具有可操作性，将公司层战略目标分解为事业层战略目标。同样，为了事业层战略目标能够实现，也将其分解为很多个子目标。也就是说，公司层战略目标是企业主体目标，事业层战略目标是保证性目标，未在图中标识出来的职能层战略目标是支持性目标。

案例 5 - 2

某公司根据企业内外部环境分析制定的企业战略目标

1. 借鉴国外先进模式、业态分离专业化发展

在中国加入 WTO 之后，以沃尔玛、家乐福为代表的欧美西方发达国家的零售企业纷纷进驻中国，瓜分中国的市场份额。为了适应新的市场环境，并在新的商业格局中立于不败之地，该公司借鉴国外知名企业的商业发展道路，并结合自身的实际情况，大力拓展连锁经营模式，走了一条具有特色的专业化管理和规模化发展的道路。适者生存，为了在激烈的竞争中存活下来，并进一步扩大市场份额，该公司除了发展其传统业态——百货店外，积极开展仓储超市和便民超市两种新兴业态，还将家电部从传统业态中独立出来，按照专卖店的模式实施专业化管理。该公司专门成立了连锁百货公司、连锁仓储超市公司、便民超市连锁公司、电器连锁公司四家全资子公司，分别开发和管理该公司旗下的连锁百货店、连锁仓储超市、连锁便民超市和连锁电器专卖店等。目前，该公司的日常运营都

进入稳定阶段，也在逐步向周边地区扩散，寻找新的业绩增长点。

2. 导入先进管理手段、达成既定战略目标

该公司非常重视公司信息化建设，为了保证公司既定的"多业态经营、多元化发展、跨区域推进"战略的顺利实施，在公司发展初期就选择了IT合作伙伴，引进其先进的自动化系统和管理流程。目前该公司集团所属的连锁百货公司、连锁仓储超市公司和电器连锁公司等四家子公司全部部署了企业资源计划（ERP）系统，能为公司战略发展目标的实现提供支持。

3. 人才培养管理提升、稳健发展做大做强

面对新的市场形势，该公司并不安于现状，始终将管理人才的培养和管理水平的提高视为重中之重，以实现企业的利润最大化目标。凭借资金实力雄厚、自身商业网点众多、物流配送及时等有利条件，积极发展农副产品的深加工、精加工业务，大力开发自有品牌，精心构建商品供应链，以支持连锁超市的快速发展。相信先进的商业自动化系统一定能为公司"稳健发展、做大做强"的发展目标保驾护航。

【资料来源：百度文库，http://wenku.baidu.com/view/ef4866d026fff705cc170a6e.html】

本章小结

本章是战略制定的重要一步，也是企业战略实施的风向标。它包含了企业使命、战略思想与战略重点、战略目标。企业使命是企业存在的目的和理由，企业使命反映了企业的战略思想和战略重点。并且，德鲁克曾指出，建立一个明确的使命是企业战略家的首要责任。战略思想是指导战略制定与战略实施过程中的重要思想，战略重点是对实现战略目标有关键意义的项目或部门。企业需要审视内外部环境分析的结果以及运用战略选择分析工具所得出的结论，并在企业使命、战略思想与战略重点确定的基础上，进一步制定企业未来的战略目标。

第六章　战略方案的制订

CHAPTER 6

谷歌牵手摩托罗拉：用并购引爆移动互联新时代

2011年8月15日，谷歌以125亿美元的巨额资金收购了摩托罗拉移动业务，轰动了整个互联网，并登上了各大媒体报刊的头条。这次并购的巨大反响，再一次毋庸置疑地证明了"并购具备强大的品牌营销功能"理论。从传播的角度，并购，尤其是大型、超大型的并购交易本身就是一个活生生的事件营销，如果利用得巧妙，毫无疑问能让并购交易的主角企业"一夜扬名"。

这次并购也将改变移动互联网的格局，转变为"寡头"各据一方的局势。苹果、微软、谷歌、Facebook，四大最有实力的巨头将成为未来新进入者的最大障碍，并且它们之间的竞争角逐也将更趋激烈。这次并购还会产生多米诺骨牌效应，对移动互联网的上游企业——手机制造与代加工企业产生影响，引起整个移动互联网大洗牌。一句话，谷歌这次的大胆并购将会引领移动互联网进入一个新时代。

众所周知，谷歌是一家互联网企业，是专注于软件类的企业。摩托罗拉移动是一家手机研发制造企业，是专注于硬件类的企业。面对苹果"软硬兼施"的强大攻势，面对微软的专利诉讼和新势力Facebook的不断挑战，谷歌这一次的大举动并不出乎意料。谷歌的并购动机几乎每个人都猜得到，那就是保证自己的未来霸主地位。谷歌是一家非常擅于使用并购武器的高科技企业，手机操作系统Android、视频网站YouTube、网络广告公司DoubleClick、图片软件商Picasa、电话管理公司GrandCentral、电邮服务商Postini等为谷歌带来源源不断营业收入的企业都是谷歌通过并购纳入囊中的。

谷歌和"并购机器"思科的共同之处在于，利用并购来整合资源使自己壮大。在发展一日千里、竞争高度激烈的互联网科技领域，懂得并购整合、懂得借力打力的企业显然要高于仅靠一己之力谋发展的企业。

未来无论是传统互联网，还是新的移动互联网，关注的焦点必然是速度与创新。通过并购整合其他相关企业，弥补自身的不足与短板，打造提炼自己的核心竞争力，将会成为企业家的必修课。

【资料来源：博瑞管理在线，http://www.boraid.com】

案例启示

在上述案例中，谷歌先后通过几次收购来实现公司层战略，并以此来提高收入和利润。优胜劣汰是市场经济中的客观规律，要想在日益激烈的市场竞争中占有主导权，必须要从机会导向转为战略导向。企业要做强、做大、做久的方法很多。本章通过介绍公司层、事业层以及职能层上的各个战略，旨在改变战略制定者那种"摸着石头过河"的经验或者直觉判断，提高战略制定的科学性和合理性。

第一节　战略方案的层次

不同层次的战略方案确定了不同层次的目标以及实现这些目标的方法。

——佚名

企业的战略是多层次的，各层次的战略形成一个完整的战略体系。企业的战略不仅要说明企业的整体目标，而且要说明每一层次、每一业务以及各个部门的目标。因此企业的战略分为公司层战略、事业层战略和职能层战略三大类。

一、公司层战略

公司层战略是指在深入调查和研究企业内外部环境的基础上，结合分析国内外市场竞争情况、企业资源情况、企业规模、国家法律法规等主要因素之后，确定的统领和指导企业全局和长远发展的计划和方略。

二、事业层战略

事业层战略是指在公司层战略的指导下，为实现企业总体目标，将公司层战略分解为事业部门上的战略，从而对事业部门的经营和发展作出长远的计划和布局。

事业层战略主要有四个关键点：如何切实贯彻企业使命；分析事业部门在外部环境中面临的机会与威胁；分析事业部门在内部环境中具有的优势与劣势；确定、实施和控制事业部门发展的战略方案。

三、职能层战略

职能层战略是指企业为了更好地实现公司层战略和事业层战略，利用企业内部职能活动，使企业的生产经营活动有效地与内外环境保持一致而制定的长远计划和方针。

职能层战略主要有以下三个关键点：如何贯彻和落实事业部门的战略目标；论证职能层战略目标的现实性并将其分解；明确职能层的战略重点和主要战略措施。

值得一提的是，战略方案的制订应以内外部环境的分析以及战略选择的分析结果为参考，同时要以战略目标为导向，使制订的战略方案能够尽可能地实现战略目标。

第二节　公司层战略

战略不仅在于知道做什么，更重要的是，要知道停下什么。

——乔·图斯（EMC 公司总裁）

一般来讲，企业可以利用大战略框架来确定公司层战略。

一、大战略框架

在企业的外部环境和内部资源分析基础上的大战略框架，如图 6-1 所示。

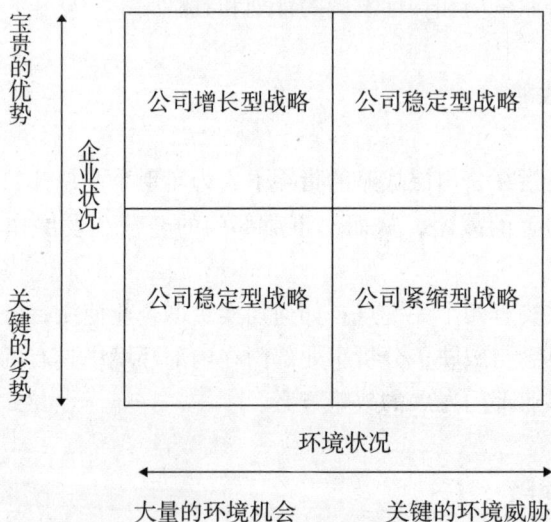

图 6-1　大战略框架图

（1）稳定型战略位于大战略框架的第一象限和第三象限，其主要措施是企业不需要进行创新和变革。这种战略的主要做法是：企业提供与以前一样的产品或服务满足顾客需求，保持市场份额不发生变化，维持同样的投资报酬率。

（2）增长型战略位于大战略框架的第二象限，其主要措施是扩大企业规模。这种战略的主要做法是：纵向一体化、横向一体化、多元化等方式。一般可以用销售收入、雇员人数以及市场占有率等定量指标来衡量企业的增长。

（3）紧缩型战略位于大战略框架的第四象限，其主要措施是收缩企业规模。这种战略适用于处理组织的劣势单位，使企业规避风险，重新配置组织资源，为企业下一步发展打下良好的基础。其实有很多大型企业在处于困境时会采取紧缩型战略，先保证生产经营活动稳定进行，再重新激活组织资源，以恢复竞争力。

二、公司层战略的分类

公司层战略一般分为稳定型、紧缩型、增长型、混合型四类。

（一）稳定型战略

稳定型战略是指企业保持与以往相同的战略，保持不变的增长速度，为顾客提供一样的产品或服务。稳定型战略是一种以守为攻的战略，不会冒很大风险，努力保持相同的经营范围和市场占有率。稳定型战略主要细分为以下四类：

1. 无变化战略

无变化战略是一种几乎没有增长的战略。采用它的企业可能有以下两方面原因：一是企业在过去的经营中获得了相当大的成功，并且企业内外环境没有发生任何重大变化；二是企业经营管理活动不存在重大的问题或隐患，因而管理者没有调整战略的必要，或是担心调整后的战略会对企业的利益和资源分配带来不利影响。基于以上两个原因，企业的管理者和员工可能都不愿看到企业战略有大的变动，因为一旦有了变动调整，企业的利润率在一定期间内势必会有下降趋势。因此，企业若采用无变化战略，则每年只需调整受通货膨胀率影响的目标，其他目标暂时维持不变。

2. 维持利润战略

这是一种企业为了保证当前利润而以牺牲企业未来发展为代价的战略。该战略只注重眼前利益而忽视长远利益，其根本目的是帮助企业走出当前困境。因此在整体经济形势低迷时，企业往往采用该战略，避免企业当前的经济状况和经济效益有恶化趋势，以实现稳定发展。但如果使用不当，维持利润战略可能会挫伤企业的发展根基，不利于企业的未来发展。

3. 暂停战略

企业在经历一段较长时间的快速发展后，可能会遇到一些不可预知的阻碍使得企业经营效率下降或管理困难。在这种情况下，企业就可以采用暂停战略，即在一定时期内适当调低企业的战略目标和减缓增长速度，以达到将企业现有资源全部积聚起来，奠定未来发展基础的目的。

4. 谨慎实施战略

如果难以监测或预测企业外部环境中某一个对企业战略有重要影响的因素的变动趋势，企业就应采取谨慎实施战略。也就是说，企业对自己作出的每一个决策都要经过谨慎细致的分析，有意识地放慢行动速度，切忌轻举妄动。

战略指南　稳定型战略适合那些以往成功并处于有发展潜力行业的企业或处于稳定环境中的企业。因为稳定型战略的风险很小，给企业带来损失的可能性微乎其微。

稳定型战略在本质上是追求在过去的经营基础上实现稳定发展，它具有以下特征：

（1）企业满意以往的经营业绩，希望能保持以往的收益水平，就会继续设定与以往相似的经营目标，为原有客户群提供相同的满足他们需求的产品或服务。例如，企业以往的经营目标是行业中的市场领导者，采取稳定型战略意味着在今后的经营期间内，企业的经营目标仍是努力成为行业中的市场领导者。

（2）在企业战略规划期内，实现每年所获绩效按大致相同的比例递增。需注意的是，这里的递增是指一般意义上的均衡增长，而非快速增长。这也意味着，企业在保持现有市场占有率、销售额或利润率不变或略微增长的情况下采用稳定型战略，是为了保证其市场地位的稳固性。

案例 6-1

某汽车企业的稳定型战略

某汽车企业占有很高的市场份额，随之引来众多的竞争对手。为了维持自己的市场地位，该企业决定采取稳定型战略中的谨慎实施战略。此战略属于典型的阻击式防守战略，以守为攻，指导思想是："最有效的防御是完全防止竞争较量的发生。"具体操作方法就是：投入充足的资源，以将自己对抗竞争对手的能力显露无遗。该企业正是这样做的。多年以来，该企业通过与政府保持良好关系，得到了政府强有力的支持，确保了企业长期以来在国内汽车市场的领先地位。当打开国门，外国企业纷纷进驻中国市场时，政府也无力庇护国内企业。该企业及时采取反应式防御战略，利用自己的廉价优势，通过抢占国外低档汽车市场，弥补原有国内市场份额的损失，从总体上保持了企业的稳定发展。

【资料来源：网易博客，http://blog.163.com/kotlor@126/blog/static/1205377 0720097304826165/】

（二）紧缩型战略

紧缩型战略是指企业在当前的经营范围和基础水平上进行收缩和撤退。企业实施紧缩型战略只是暂时的，其最终目的是渡过难关，继续发展。一般来说，只有在万不得已的情况下企业才会采取紧缩型战略，以抵御竞争对手的攻击，避开外部威胁，消除内部劣势，是一种以退为进的战略。紧缩型战略具有以下特点：

（1）企业收缩现有产品线，退出现有市场领域，例如某汽车企业放弃高档汽车领域，或者放弃某汽车产品系列。从表面上看，企业的规模缩小了，一些定量指标也有明显的下降，例如市场份额、销售额、利润水平等。

（2）企业严格控制资源投入和削减大量费用开支，因此实施紧缩型战略的同时常常伴随着企业裁员、企业福利下降、企业暂停收购兼并等现象。

（3）紧缩型战略只是过渡性战略，具有短期性。一旦企业恢复元气，企业就会放弃紧缩型战略，采取稳定型战略或增长型战略。每家企业都不想实施紧缩型战略，紧缩型战略的目的只是为企业今后的发展积蓄力量，以待厚积薄发。

案例 6-2

某建材企业的紧缩型战略

金融危机下，由于建材行业市场需求萎缩，某建材企业产品滞销，产品大量积压，库存周转慢，现金流中断。该企业决议实施紧缩型战略，进行了一系列调整：①开源节流，加强企业的管理，减少不必要的浪费；②削弱技术研究和新产品开发能力，减少设备投资；③裁减人员，更换部分高层领导人员，并且努力提高员工士气；④加大品牌宣传、市场开发力度，努力提高销售额。

（三）增长型战略

增长型战略可以使企业扩大规模，从小企业变为大企业，是每家企业在成长时都必然采用的战略。其主要包括：专业化战略、一体化战略、多元化战略、企业并购与战略联盟等战略。

1. 专业化战略

专业化战略是指企业在核心业务上集中所有资源和能力，通过专注于核心业务发展，实现企业全面成长的目的。所谓核心业务是指在企业从事的所有业务领域中占据主导关键性地位的业务，其构成了企业的基本框架。专业化既可以是企业专注于某一个行业的经营，也可以是企业专注于行业价值链中某一环节的经营。

专业化战略是企业的必经之路，也是企业发展的基本路径。与扩大业务范围获得企业成长的战略相比，专业化战略更值得提倡，因为这种战略更加有助于企业培育核心竞争力，构筑竞争优势。

2. 一体化战略

实施一体化战略的企业可以发掘并利用自身的优势，不断地向垂直和水平方向进行发展。因此一体化战略包括纵向一体化战略（内含前向一体化战略、后向一体化战略）和水平一体化战略。

（1）纵向一体化战略。

纵向一体化战略，又称垂直一体化战略，是指企业的经营领域在垂直方向上深度发展，将经营活动拓展到原材料供应或产品销售的一种战略。纵向一体化战略根据发展方向分为前向一体化战略、后向一体化战略。

前向一体化战略，是指企业进入消费者业务领域，获得产品销售控制权或所有权或者将自己的半成品进一步加工成成品的战略。在生产过程中，物流沿顺时针方向移动。一般做法是把相关的前向企业合并起来，组成一个统一的经济联合体。

前向一体化战略实现的方式通常包括自建、收购、合并和特许经营等。通过这种战略可以实现价值链延伸，获得巨大收益。电子商务的发展为企业创造了实施前向一体化战略的机会。例如纺织厂通过建立电子商务平台，自行销售自己的服装，而不只是把服装批发给经销商。

后向一体化战略，是指企业充分利用自己的优势，自行生产原先需要外部采购的原材料和零部件的战略。在生产过程中，物流沿逆时针方向移动，即通过取得供应商的所有权或加强对供应商的控制来求得发展。采用这种战略，企业一般做法是合并原本属于供应方的企业，以利于统一规划原材料和零部件供应，保证企业经营活动的顺利展开。

实施后向一体化战略的企业追求稳定的原材料供应，发展自己的产品。其实现的方式通常包括自建、收购、合并等。例如纺织厂自行纺纱和洗纱。

企业实施纵向一体化战略可以降低经营风险，控制原材料供应、产品生产、产品经销等垂直一体化过程，可掌握市场主动权，增加企业竞争力，获得更多利润。

纵向一体化战略是完善价值链体系的战略。实施纵向一体化战略可以在垂直价值链方向上完成价值链传递活动，企业的各项经营活动可以不断在价值链方向上延伸，获取尽可能多的收益。例如伊利集团从后向进入奶源基地的建设，从前向进入伊利牛奶专卖店的建设，一系列活动都是为了完善其价值链体系。

案例6-3

百丽鞋业：赢在纵向一体化

由于金融危机的影响，国内已有不少鞋企关门歇业，比率甚至高达30%。

但百丽国际就是在夹缝中求生存的例子。据统计，2008年上半年，百丽国际控股有限公司总收入比2007年同期增长60.4%，可谓交了份漂亮的成绩单。

那么，推动百丽强势成长的重要因素是什么？它占据了价值链上哪些具有价值的环节？

1. 掌控整体产业链

百丽鞋业于1992年进入内地市场，主要从事订单加工及鞋类产品的制造，与现在的绝大多数订单生产企业并无两样。在积累了丰富的生产制造经验后，百丽开始着手创办自有品牌。之后几年，百丽女鞋逐渐成为中国市场同类产品中的领先品牌。

为了进一步加强对零售终端的控制力，2002年，百丽与分销商共同组建了百丽投资有限公司，以股权为纽带，将零售终端与百丽的发展捆绑在一起。

2004年，百丽投资旗下的1 681家零售店通过改签租约的方式，转移至离岸公司百丽国际旗下；百丽投资旗下的办公设备等有形资产也出售给了百丽国际。2005年，重组之后的百丽国际获得了摩根士丹利旗下两家基金公司的注资，有了充裕的资金支持，扩张势头一发不可收拾，逐渐发展成为中国最大的女鞋零售商。2008年5月，百丽在香港联交所挂牌上市。

纵向一体化模式，是百丽在中国鞋企中脱颖而出的重要发展模式——从产品的设计到开发、生产、营销、推广、分销、零售等产业链上的各个环节，全部由百丽自己承担。这正是其获取高回报的来源。

除了有高利润外，更重要的是，在瞬息万变的市场环境中，对零售网络的直接控制。这更拉近了百丽与顾客之间的距离，使其能够随时获得和掌控市场信息，把握市场趋势，在竞争中赢得主动。

同时，这种模式还可以让百丽最大程度地控制供应链，使产品一开始就比在国外研发的产品提前4个月左右上市。

除此之外，百丽也没有放松对制造环节的控制。它投入巨额资金建立工业园区，使得供应链的前端有强有力的后端支撑，能更好地满足消费者的需求。

2. 打造极速供应链

化解库存。在服装鞋帽行业，库存是企业的"敌人"。严格控制库存恰是百丽获得高利润回报的保证。在这个过程中，西班牙品牌ZARA是百丽的标杆——以研究客户需求为中心，以市场需求为导向，满足时尚产品的平民化需求，其运作模式讲究团队高效协调、沟通无阻及运作的高速化，大大降低了库存压力。快速对标加上自己的创新，使百丽形成了自己独特的极速供应链。

小批量，多品种。目前，百丽的一款鞋从生产到上架只需20多天；每次只生产小批量的产品，待零售终端将销售信息反馈到企业后，再根据具体情况适量增加产量。另外，各产品的设计师也会在第一批货投入市场后迅速赶到一线，听取消费者的声音，并根据市场需求对产品设计进行改进。"小批量，多品种"的产品投放方式，成为百丽的一个重要特征。对市场需求多样化的高度迎合，尽量化解令行业普遍头痛的库存问题，使百丽轻装上阵。

大城市多开店，小城市开大店。百丽新店的开张速度也令其竞争者难以望其项背，这与百丽的开店理念息息相关。"做品牌首要的是抓好产品的供应链"，百丽的总经理盛百椒说，"大城市开店成本高，且进入的品牌多，竞争激烈，一个品牌无法以压倒性的优势占领市场，我们的策略是多开店，让品牌逐渐深入人心；小城市房租和人工都便宜，在较好的位置开大店，形成旗舰"。

多品牌制胜。有了这么多的零售店，如何在极速扩张的同时，保证每个零售店都有好的业绩？百丽的策略是：不断引进新的知名品牌，通过并购、代理等方式分到更大的市场蛋糕。多品牌策略为百丽赢得了广泛的客户群和细分市场的稳定收益。

扁平化决策。为了迎合各地消费者的不同需求及审美情趣，百丽将全国分为10大销售区，并将采购及销售权彻底下放。这种扁平化的决策程序，使百丽得以快速适应市场变化，提升了销售和盈利能力。

利用品牌、供应链和强势渠道，再加上精细化的管理，百丽摆脱了多数鞋企所遭遇的微利尴尬，反而成为高利润、高信誉的企业。

【资料来源：林辉."百丽国际"：赢在纵向一体化模式［J］.企业科技与发展，2009（7）：22-23】

（2）水平一体化战略。

水平一体化战略，又称横向一体化战略，是指把性质相同或生产同类型产品的企业合并起来组成专业化企业的战略。这种战略有利于减少潜在的竞争对手，提高市场占有率,从而增加其利润。

水平一体化战略促使企业在水平方向上整合业务,扩大业务规模,加快发展。其本质是实现资本在同一行业内集聚,产生规模经济,降低生产成本,优化资源配置。实行水平一体化战略的方式通常有合并、收购、接管等。一般可从以下三个方向实现增长:

①扩大原有产品的生产规模,拓宽销售渠道。

②向与原产品在功能或技术方面有关联的方向延伸扩张。

③对以上两个方向相关的新的客户群进行开发或对国际市场进行开拓。

3. 多元化战略

多元化经营战略,简称多元化战略,属于开拓发展型战略,是企业发展多品种或多业务,进入与现有产品或现有业务相关或不相关市场的一种整合战略。其实现形式通常包括自建、并购、合资、合伙等。

多元化战略根据产品或业务的相关性分为两类:相关多元化战略、不相关多元化战略。相关多元化战略是指企业增加与现有产品或业务相关的新产品或业务的一种战略。其实现的方式一般是利用企业自身现有的技术、设备、销售渠道、客户资源开发新产品或新业务,例如电脑生产商的单一业务是电脑,但其可以通过多元化战略进入硬盘、手机市场。不相关多元化战略是指企业增加与现有产品或业务不相关的新产品或业务的一种战略。其实现的方式一般是通过收购、控股、合并进行跨行业经营,例如电脑生产商收购了一家服装厂,准备进入服装销售领域。

多元化经营的典型案例是海尔,现在已经涉足家电制造、生物制药、IT 技术、金融产品等业务,成了产业资本与金融资本相结合的跨国集团。不过在进行多元化经营时,企业要能有效掌控多元化进程,保持合理负债水平,优化业务组合,合理配置资源,以发挥最大效用。

案例 6-4

某企业的多元化战略

某企业是一家上市公司,其主营业务包括高新区一二级房地产开发、医药、生物制药、纳米材料等,年营业额超过 20 亿元,是当地的龙头企业之一。成立之初,该企业仅负责高新区的房地产开发建设,但之后其业务领域步步延伸,涉及的领域广泛,并发展出多元主营业务。然而,这么多业务如何进行合理的战略布局?每一块业务在企业发展中所起的作用分别是什么?如何构建与业务结构和战略方向相匹配的企业文化?

明确地提出问题之后，该企业确定了集团总体目标与不同业务群组发展之间的关系：

（1）房地产业务：未来三年，核心目标就是提升房地产产业的综合竞争能力，拓展房地产产业的市场空间，努力发展成为省内知名的房地产综合服务提供商。

（2）制药与生物制药业务：未来三年，以优化产业资源配置为核心，以提升产业整合能力为重点，以迅速形成产业规模为目标，发展成为全国知名的生化农药、兽药、鱼药以及动物营养保健品供应商。

（3）其他高科技业务：未来三年内不对其进行重点投入，但也不忽视该业务领域的发展，在有着高科技环境的背景下，探索有市场前景的项目，对其进行重点培育。待前两项关键业务获得重大进展后，再选择适当的时机重点投资。

（4）集团本部：未来三年，以强化产业管理能力为核心，以构建产业分析能力和产业运作能力为重点，以实现产业经营为目标，发展成为高素质、高能力、高效率、高效益的产业经营控股集团。

【资料来源：管理人网，http://sm. manaren. com/zlzd/show - 1966 - 3/】

4. 企业并购与战略联盟

（1）企业并购概述。

企业并购是指一个企业购买另一个企业的全部或部分资产或股权，以对被收购企业产生重大影响或实施控制，同时增强企业的竞争能力，实现企业战略目标的行为。

企业并购包括兼并和收购两种形式。兼并是指一家企业被另一家企业所吸收，前者丧失法人地位，后者被保存下来，具有独立性和法人地位。为了更好理解兼并的概念，必须区分合并与兼并。合并是指两家或多家企业通过法律程序重新组合，形成一家新的企业，参与合并的企业被解散，丧失法人地位，形成的新企业是独立运营的实体，具有法人地位。收购是指通过购买目标企业全部或部分股票或资产，从而达到控制目标企业的经济行为。

案例 6 - 5

中国民营企业如何看待外资并购

外资并购的风气在中国蔓延，国内许多知名的优秀企业都难逃一劫。在国外金融财团与国内投资者的选择之间，罗致葡萄酒企业领导层左右为难，到底是把它们娶进门还是把自己的企业嫁出去成为他们思考的问题。如果现在让外资并购，企业就能获得高投资回报率。目前为止，罗致葡萄酒企业领导层比较倾向自主经营而不同意并购，努力把罗致品牌打造成民族品牌。

品牌并购是企业实现资产增值、推动自我成长的一种途径，是市场经济中品牌战略运营、资源优化配置的重要方式。纵观中外企业发展史，因为品牌并购而实现企业跨越式发展的例子不乏其数。但由于缺乏战略性思考和远见，反而被所并购企业连累，业绩下滑的企业也并不少见。究其原因，大多与对品牌并购认识不清、对并购流程把握不足和对被并购品牌的管理不当有关。在现今的市场经济中，产品之间的竞争进入了白热化阶段，企业对于品牌的重视程度也随之提高，包括品牌并购在内的品牌资产运作被提升到了企业战略高度。品牌并购往往带有品牌扩张的目的，可以实现产品线的延伸；或者可以绕道贸易壁垒进入其他国家和地区，使企业品牌在资源、成本、风险、成长性上都实现一定的提升。

品牌有宏观和微观结合的三性：自主品牌不仅可以促进企业的发展，而且可以提升国家的整体经济实力，这是它的经济性。品牌文化的基本点——诚信、创新、责任，在市场经济条件下，其实是社会文化的基本点，这是它的文化性。品牌和名牌的状况代表着这个国家的民族素质和这个国家的软硬实力，这是它的社会性。

罗致葡萄酒企业领导层透露，多数股东反对被外资并购，怕被并购以后品牌被雪藏，这样的案例不胜枚举。同时，目前也不考虑与国外企业进行合作，因为企业既没有与国际合作的经验，又没有精通这方面的人才储备，担心会上当受骗。另外企业自身尚有许多不足，仍需继续努力。待有了国际型的人才储备，可以让外资入股，但不能放弃控制权。未来国际大合作是发展趋势，企业间相互参股这些都很正常，目前的任务是继续深入地与国内配套企业合作，以及让更多的经销商发展起来。企业上市以后，旗下的经销商与配套的企业都可以成为罗致公司的股东。企业做大了，人才储备与国际经验都具备了，还可以去并购国外的品牌，不需把控制权交给外资。并且，罗致集团公司表示会优先考虑与国内公司以及私人投资者合作。

【资料来源：管理人网，http://sm. manaren. com/news/show-2377-1/】

(2) 企业并购的类型。

企业并购从不同的角度可以划分为不同类型：从并购双方所在的行业来看，可以划分为横向并购、纵向并购、混合并购；从并购的动机来看，可以划分为善意并购、恶意并购；从支付方式来看，可以划分为现金并购、股票并购、综合证券并购。

案例 6-6

某啤酒企业的并购战略

内行的人都知道，并购是项高风险的投入项目，若运作不当，就很可能陷入逆境中。

某啤酒企业经历了多次并购活动，其决策层认为能否并购成功，能否尽快消化被并购企业，关键不在于并购企业的多少，而在于消化手段正确与否，在于运作能力如何。那么，该啤酒企业实施什么并购战略来获得成功呢？

1. 事业部+子公司体制

对于被并购的企业，设独立法人，建立自主经营、自负盈亏、自我发展的子公司，集团只对其负有限责任，以免经营不善拖累整个集团，这样就能分散风险；另外组建事业部，把周边距离较近的数个子公司统一划归事业部领导，统一产供销，统一市场管理。

2. 文化管理克隆

该啤酒企业的企业文化是百年积淀而成、极具亲和力的。对于被并购的企业，公司会派专业人员去进行企业文化和管理制度方面的培训，将独特的企业文化、管理理念、管理技术、管理手段植入被并购企业。

3. 直供模式

有人担心该啤酒企业并购那么多的企业会消化不良，其实说到底就是担心啤酒的销量问题。该企业老总的观点是：要用几千万元在一个城市建一个销售网络。该啤酒企业跟经销商的关系是"我开荒，你种地"，前期铺市场的事都由该啤酒企业来做，然后再交给经销商。这种模式的好处就是：网络永远掌握在该啤酒企业手里。

4. 用你的瓶子装我的酒

中国啤酒市场呈现区域性的特征，不同地区的消费者都有不同的喜爱品牌。

该啤酒企业为克服这种消费惯性，使用了"品牌渗透"的策略。具体做法就是在当地收购一家企业之后，保留原企业产品品牌，只是将自己的管理机制、先进技术、产品配方、营销经验等输出到新组建的企业中，这种方法被戏称为"用你的瓶子装我的酒"。这种看似简单，却十分奏效的做法，使得该啤酒企业受到广大消费者的喜爱。

【资料来源：商务知识网，http://www.swzhsh.com/a/swgl/sgal/zlglal/2010/0404/3723.html】

（3）战略联盟概述。

战略联盟是指两个以上企业（包括两个企业）为了达成共同的战略目标而相互合作，共同承担风险、共同分享收益的联合行为。战略联盟不仅适用于大规模企业，例如跨国公司，而且适用于小规模企业。

战略联盟形式多种多样，这主要取决于产品的特点、行业的性质、市场竞争的状况、企业的战略目标、企业的优劣势等因素，例如企业联合技术开发、企业合作生产、企业统一分销、企业合资经营等。

战略联盟强调的是如何利用技术创新给企业创造经济效益，以及应对不断变化的市场环境。一般来讲，战略联盟包括五种：因技术变动而建立的联盟、合作生产和 OEM 协议、联合销售或联合分销、共同开发产品项目、合资经营。

（4）战略联盟的优势。

战略联盟主要经过四个关键程序：一是企业制定联盟策略，二是企业选择合适对象，三是企业建立联盟组织和管理制度，四是企业订立联盟终止计划。

任何企业都有自己的优势和劣势，不同时期、不同阶段、不同地点都应该有自己的战略重点和发展策略。因此，企业可以通过与其他企业合作，达到优势互补的目的。特别是企业自身某方面有着明显的劣势，同时没有能力和时间去弥补它，又不能让它拖累企业，这时企业可以与在这方面具有优势的企业合作，把劣势转化为优势。

> **战略指南**　　我国许多企业家有着多元化的情结，认为多元化发展是企业发展到一定规模后的必经之路。但事实上，非多元化企业数量仍占企业总数量的大部分，即使在美国也是这种情况，例如苹果、戴尔等。而中国企业家似乎没有看到这些公司的优点，总是什么事都揽着自己做，最终大多以失败告终，成功案例寥寥无几。

战略联盟对于企业来说是一个相对容易实现的战略，具有明显的好处，例如迅速性、互补性、低成本、效果显著等。但企业在实施战略联盟时需要注意几点：其一，企业订立联盟协议之前，必须充分认识到自己在哪方面具有竞争优势，哪方面具有竞争劣势；其二，企业应选择与自己兼容性好的合作伙伴，合作伙伴并不是规模越大越好，适合才是真道理；其三，战略联盟成员应制定一个明确相互之间权利和义务以及处理突发状况的协商制度，有利于成员彼此履行协约；其四，企业订立战略联盟终止计划，有一个美好的结局。

战略联盟

中国企业需要战略联盟！众所周知，随着市场分工的细化，一个企业也只能关注其中的一个或若干个细分市场，并努力成为其中的领先者。当企业要拓展自己的细分市场，提升竞争力时，就需要依靠联盟这个工具来获得竞争优势。战略联盟所需时间短，资金投入少，但又能弥补自己的不足，增强自身各方面的实力。战略联盟已经成为企业制定发展战略中必不可少的一部分。

战略联盟可以说在中国掀起了一股浪潮。武钢集团与首钢、宝钢建立了中国钢铁行业第一个战略联盟；科龙集团和小天鹅集团联手组建国内家电行业的第一个战略联盟；联想公司与思佳公司共结战略联盟，携手共创中国 ERP 市场等。

但并不是所有企业间的战略联盟都以成功为结局。2000 年 6 月，中国九大彩电企业自发组织了限价峰会，但不到 24 小时内，该联盟就因有成员自行宣布降价而随之解散。这个失败是必然的，因为它违背了联盟的一些基本原则：市场主要供应商不参与、无信任的勾结、不涉及资源共享等。类似的案例还有很多，历史故事提醒我们，中国企业未能形成稳固的战略联盟，固然与市场的总体成熟度有关系。

在当今时代，市场竞争将从传统的单个企业之间的竞争转为企业联盟之间的竞争。单枪匹马在险恶的市场环境中闯荡是很难不被击败的，企业应发掘范围经济所带来的优势，积极地参与到企业间的联盟中，弥补自身缺陷，这样才能在市场中肆意驰骋。

【资料来源：杰伊·巴尼，威廉·赫斯特里. 战略管理 [M]. 北京：机械工业出版社，2008】

（四）混合型战略

对于拥有多个事业单位的大型企业，其业务单位常常分布在不同的行业。这些业务单位会面临不同的环境，需要不同的资源。若企业对所有业务单位都采用统一战略，就有可能出现统一的战略与各业务单位具体的战略相矛盾的状况，而这又会损伤企业的整体利益。为了避免这种情况的出现，企业采取的往往是稳定型战略、增长型战略和紧缩型战略的组合，这就是混合型战略。

在有些状况下，混合型战略是企业非取不可的战略选择。例如，企业发现了一个有良好发展前景和消费者潜在需求旺盛的行业，打算采取增长型战略在此行业得到发展。但企业受到财务资源不足的限制，可能无法实施单纯的增长型战略。此时，就可以从业务绩效不太令人满意的业务单位抽离资金，将其投入实施增长型战略的业务单位中，促进其发展。这时，企业从单纯的增长型战略转变成了混合型战略。例如美国烟草公司经历一个多世纪的发展，从一个无名小卒逐渐发展成为企业巨头，其采取的就是以增长型战略为主，辅以稳定型战略和紧缩型战略的典型混合型战略。

第三节　事业层战略

总成本领先战略、差异化战略和专一化战略对每一个公司而言必须是明确的，徘徊其间的公司将处于糟糕的战略地位。而相继采用三个战略注定会失败，因为它们要求的条件是不一致的。

——迈克尔·波特

事业层战略一般是指竞争战略，主要有成本领先战略、差异化战略、集中化战略以及 3C 战略三角模型。

一、成本领先战略

（一）成本领先战略的内涵

所谓成本领先战略是指企业决定成为所处行业中价格最低的厂家的战略。实施成本领先战略的企业经营范围一般比较广泛，不仅为多个产业部门服务，而且可能从事其他相关产业的业务经营，因为企业的经营范围往往对其成本优势有着非常重要的作用。

而不同产业结构有着不同的成本优势，它们有的通过实现规模经济来降低成本，有的通过获得某项专利技术拥有成本优势，还有的拥有廉价的原材料供应等。以电视机生产商为例，企业要想获得成本优势就需要具备一定规模的生产设备、低成本的设计、先进的供应链系统和全球性销售规模。在服务性行业中，企业要获得成本领先地位就要求其在管理方面的费用开支极小、有充足的廉价劳动力供应、有高效的员工培训体系等。

如果一家企业能够取得并维持其成本领先地位，那么只要它给产品或服务的定价等于或略高于行业平均价格水平，就能成为行业中的佼佼者。成本领先企业因为其成本低于竞争对手，所以能够在保持与竞争对手价格相同或更低的时候，获得较高的利润率。但是，实施成本领先战略的企业不能忽视产品的特色。因为当客户认为成本领先企业的产品与竞争对手相比处于劣势时，成本优势就会被抵消，所以成本领先企业的产品不需要比竞争对手更有特色，但一定不能处于劣势。

（二）成本领先战略的实施条件

企业实施成本领先战略需具备以下条件：

（1）行业内价格竞争激烈。

（2）行业内产品趋于标准化、同质化。

（3）很难实现产品差异化。

（4）顾客需求相同。

（5）顾客转换成本很低。

（6）顾客具有较强的议价能力。

（7）企业具有先进的生产工艺技术。

（8）企业具有很强的融资能力。

（9）企业具有成本控制系统。

（10）企业具有职责分明的组织结构。

案例 6 – 8

某微波炉公司的成本领先战略

微波炉行业是国内品牌集中化程度最高的一个行业，可以说是一个"寡头垄断"的行业。某微波炉公司却能在这块蛋糕中分得较大的一块，其成功的秘诀是：第一是规模化，充分利用规模化的优势增加产量，降低单位成本；第二是打造上游资源，该公司以终端控制权迫使供应商以较低价格供应原材料，建立一条控制力极强的完整产业链条；第三是通过"价格战"清理门户，将价格定在其他企业的成本线以下，迫使竞争对手逐一退出市场。

不少人会产生疑问：为什么该公司放着好好的钱不赚，硬要打价格战？深入分析后，会发现其策略自有可取之处。首先，该公司的价格战建立在成本优势的基础上，虽然产品价格非常低，但是仍然有利润。其次，降低本行业的利润水平等于给潜在进入者发出一个信号，降低潜在进入者的预期，有利于减少潜在进入者。再次，微波炉行业是一个技术含量低的行业，很难形成差异化，企业只能实行成本领先战略。可以说，该公司关注市场地位远过于眼前利益。最后，该公司将成本领先优势全球化，降低国内市场风险，避免像彩电企业那样在国内市场相互倾轧。

【资料来源：中华财税网，http：//zgtax. net/plus/view. php?aid = 46791】

二、差异化战略

（一）差异化战略的内涵

差异化是指企业在满足顾客需求的过程中，形成了与竞争对手不同的特色，建立了竞争优势。这种竞争优势可以源于各个方面，例如产品性能、产品外观、品牌形象、生产技术、制造材料、营销手段、售后服务等。只有顾客识别到差异才能形成差异化战略。如果企业在某些方面与竞争对手不同，具有差异性，但顾客不能够识别，则不能称这种差异化为差异化战略。

差异化战略是指企业提供产品或服务满足顾客需求，且这种产品或服务在行业内是别具一格的，从而建立起竞争优势的一种战略。其战略目标是使企业在产品性能、产品外观、品牌形象、生产技术、制造材料、营销手段、售后服务等方面，与行业内其他企业具有差异性。

企业产品或服务差异化，并不是获得竞争优势的充分条件。如果顾客喜欢标准产品，企业的产品或服务很容易被竞争对手所模仿，那企业的竞争优势无从谈起。因此差异化战略是指企业针对顾客关注的某些因素，选择与内部资源和能力相匹配的因素，使之在行业内别具一格，并且这种别具一格的特色在短时间内不会消失。

与成本领先战略相比，差异化战略具有排他性。差异化战略的目标顾客群仅限于关注差异化的顾客，无法兼顾企业提高市场份额。企业在实施差异化战略时总会花费很高的成本，有时即便差异化已被行业内所有顾客了解，但也不是每个顾客都能够买得起该差异化产品的。例如哈雷摩托车与本田摩托车在质量和性能上相差无几，但哈雷摩托车的价格高出许多，哈雷摩托车的目标顾客只能是喜爱摩托车的顾客群体中消费水平高的顾客。

依据波特五种竞争力模型，企业实施差异化战略有以下好处：提供的产品或服务在行业内是别具一格的，其他企业无法提供，可以缓解购买方的议价能力，同时赢得顾客的忠诚度，降低替代品的威胁；可以带来高收益，使企业坦然面对供应方的议价能力，同时提高进入壁垒，防止潜在进入者进入；由于竞争对手很难模仿，在行业竞争中，差异化的企业占据优势地位。

（二）差异化战略的类型

（1）产品差异化战略。这种差异化主要来自性能、价格、外观、样式、材质等方面。

（2）服务差异化战略。服务差异化战略主要针对服务业，这种差异化主要来自提供具有特殊性、个性化、情感性的各种服务。

（3）员工差异化战略。这种差异化主要来自员工的胜任力、精神面貌、言谈举止等方面。

（4）品牌差异化战略。这种差异化来自企业品牌的影响力，可以培养顾客认知品牌的能力，把企业品牌根植于顾客心中。

（三）差异化战略的实施条件

企业实施差异化战略应具备以下外部和内部条件：

（1）顾客需求具有差异性。

（2）企业具有创造顾客认知价值差异化的途径。

（3）竞争对手没有采取与本企业相同的差异化战略。

（4）企业具有创造性的研发人才，且研发能力强。

（5）企业在质量或技术方面享有卓越声誉。

（6）企业具有很强的市场营销能力。

（7）企业的研发部门、营销部门等职能部门之间具有很强的协调性。

（四）差异化战略的收益与风险

1．差异化战略的收益

实施差异化战略可以给企业带来以下几方面的收益：

（1）利用产品或服务特色降低顾客对价格的敏感度，获得较高价格，降低购买方议价能力。

（2）利用产品或服务差异化建立进入壁垒，防止潜在进入者进入。

（3）差异化给企业带来高收益，增强了企业的议价能力；相反，降低了供应方的议价能力。

（4）利用差异化建立顾客忠诚度，降低替代品的威胁。

（5）利用差异化建立与竞争对手别具一格的特色，并且难以被模仿，形成企业竞争优势。

2．差异化战略的风险

实施差异化战略同样包含一系列风险：

（1）成本高，会丧失一部分顾客群。

（2）随着技术水平的提高，顾客对差异化敏感度下降。

（3）当行业进入成熟阶段，差异化可能被竞争对手所模仿。

（4）过度差异化容易造成价格过高，消费者买不起，或者差异化因素超出了顾客的要求。

案例6－9

某跨国公司的差异化战略

某跨国公司灵活运用差异化战略，使其快速发展，一跃成为世界第四大白色家电制造商。从该跨国公司的发展历程来看，其差异化战略主要经历了以下三个阶段：

1. 品牌差异化战略阶段

该公司在其他公司关注产量时，重点关注产品质量，为公司以后的发展打下了坚实基础。

在之后的品牌发展阶段，形成了以全面质量管理、星级服务为特色的营销方式，以及高效率、高品质的经营管理体系，迅速打造成了一个家喻户晓的家电品牌。

2. 多元差异化战略阶段

该公司在利润不可观的时期，采取低成本扩张措施，例如从本地政府以及武汉、广东等外地政府手上，以低廉的成本接管了多家亏损公司，然后将其先进的管理体系输出到被接管企业，对其进行一番彻头彻尾的改造活动。

该公司依靠高水平的企业管理能力平台，再凭借企业上市募集到的资金拓展经营范围，成为一家涉足多领域的多元化公司。

3. 国际差异化战略阶段

该公司在20世纪90年代后期实施国际差异化战略期间，积极开展资本和技术输出，在海外建立制造和销售基地，实现内销、出口和海外生产"三个三分之一"的国际化目标。该公司在海外的工厂全部实施本地化管理，吸收当地的人才加盟，以适应当地消费者的特定需求，并加快工厂的发展。同时，该公司还在美国、日本等技术先进国家设立了科研中心，并通过与多家跨国公司的联合研发，开展学习并利用国际技术资源。

随着社会经济的发展，企业管理观也在发生改变，核心能力和知识基础被认为是企业战略正相关的因素。该公司的发展历程可以被看作这个观点的最好证明：一种战略的导入对企业的相关能力提出了基本的要求，而企业核心能力的建立和发展则为战略的开展提供了必要的支撑，并为下一阶段的战略推进创造了部分条件，由此形成一个螺旋式上升并扩张的态势。但是，能力整体提升不是渐进式的，而是一种间断型的跃迁，其周期大约是"每隔七八年来一次"。但同时，其他竞争对手的追赶无法避免。如今，与竞争者之间的差距已日趋缩小，该企业若想保持自己的领先优势，就必须寻找新的核心能力和竞争优势。

【资料来源：百度文库，http://wenku. baidu. com/view/5d705e360b4c2e3f572 76375.html】

三、集中化战略

（一）集中化战略的内涵

集中化战略，又称专业化战略，是指企业提供产品或服务，满足特定目标市场上顾客需求的一种战略。集中化战略与成本领先战略、差异化战略不同，成本领先战略和差异化战略面向的是整个行业，而集中化战略面向的是行业内特定目标市场。

采用集中化战略的企业同时可以采用成本领先战略和差异化战略中的一种，这样便形成了两种集中化战略实现形式：成本集中化战略，在特定目标市场上做一个低成本的供应者；差异集中化战略，在特定目标市场上满足顾客的个性化需求。

按照波特的看法，企业由于受资源和能力的约束，既无法成为行业内成本领先者，又无法成为行业内差异化者，只能集中资源与能力于某一特定目标市场，实施集中化战略。如果企业缩减自己的经营领域，集中所有资源与能力于满足某一特定目标市场的顾客群体，那么，企业也可以在这一特定目标市场获得竞争优势，成为一个成本领先者或者差异化者。

（二）集中化战略的实施条件

集中化战略的实施条件主要包括：①行业内具有细分市场；②在企业的目标细分市场内，竞争对手没有实施集中化战略的打算；③目标细分市场内某些业务单位具有巨大盈利性，对本企业具有很强吸引力；④企业的资源和能力无法使其在整个市场内获得竞争优势。

（三）集中化战略的收益与风险

企业实施集中化战略有利于避开强大的竞争对手，有利于在特定目标市场建立顾客忠诚度并获得稳定收入，有利于企业在目标市场建立竞争优势。

风险往往与收益并存，企业实施集中化战略同样会获得一系列风险：竞争对手实施集中化战略；随着技术的进步、替代品的出现、顾客观念的更新，细分市场可能会消失；随着与竞争对手之间的成本差距逐渐缩小，集中化战略带来的低成本优势可能会消失殆尽。

案例 6 – 10

向联合利华学习集中化战略

集中化战略在联合利华得到了充分体现：一是企业集中化，1999 年，联合利华把 14 个独立的合资企业合并为 4 个由联合利华控股的公司，不仅降低了运营成本，而且减少了外籍管理人员数量；二是产品集中化，集中资源于家庭和个人护理用品、食品、饮料和冰激淋三大优势系列，砍掉不擅长的业务分支，取得了重大成功；三是品牌集中化，集中推广一线品牌；四是厂址集中化，减少厂址整体数量，降低运输费用。

之后，联合利华决定将其在中国的食品零售营销网络转包给第三方公司——尤尼森营销咨询（上海）有限公司。这种食品零售营销网络转包的方式，可以说是营销环节集中化，把自己不特别擅长的零售营销网络转包出去，专心制订战略计划、管理主要客户及分销商，这样有利于迅速提高市场占有率和知名度，实现在华投资的战略目标。向第三方转包零售营销网络也是集中化战略的又一重大创新。

企业应在竞争中学习，在相互学习中竞争。联合利华的集中化战略就很值得我国的企业学习。企业无论大小强弱，能力、财力和精力都是有限的，在经济全球化和竞争激烈化的形势下，为了向客户提供值价比（即价值与价格之比）较高的产品或服务，必须善于发挥相对优势，在任何时候都不要拉长战线、分散资源，更不要盲目进入非擅长的领域。

【资料来源：博锐管理在线，http://www.boraid.com】

四、3C 战略三角模型

（一）3C 战略三角模型简介
3C 战略三角模型是由日本著名管理学家、经济评论家大前研一提出的，他认为一个成功的战略必须具备以下三个因素：公司自身（corporation）、公司顾客（customer）、竞争对手（competitor）。同时，还要实现三者之间的平衡。因此，大前研一将这三个关键因素称为 3C 或战略三角。

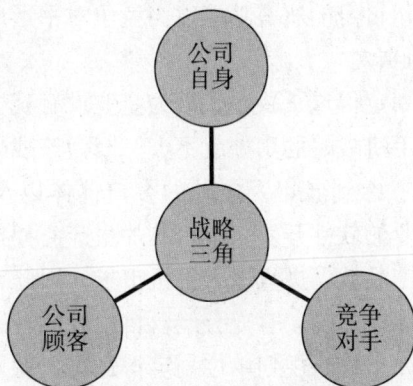

图 6-2 成功战略三因素即战略三角

（二）公司战略

企业制定的公司战略目标是将竞争优势发挥到最大程度，尤其是对企业成功起决定性或重大影响力作用的竞争优势。因此，企业没有必要也不可能在每个业务领域都占据领先地位，而应力求在某一核心业务上获得决定性优势地位。在这种情况下，即使企业在其他领域表现平凡，其整体效益也能因核心业务上的优势而最终得到提高。

以生产制造业为例。在劳动力成本逐渐攀升的情况下，是否将企业的产品组装业务外包就成为公司战略中较关键的决定。如果竞争对手不能迅速将产品组装业务外包给其他厂商，企业也没有外包该项业务，那么双方的差别就表现在成本结构上。若该企业能迅速调整成本结构，相比竞争对手有低成本优势，这将有助于企业在市场竞争中获得行业领先地位。

1. 战略规划单位

对于一家业务多元化且顾客群多样化的企业，所需制定的经营战略显然不止一个，而是多个。那么，企业的战略规划单位又有何作用呢？

为了保证所指定战略的有效性和可执行性，企业必须有足够的自由空间和视角来考察任一个关键因素。从顾客因素来看，企业必须看到顾客的所有需求而非部分需求。若企业战略规划单位在企业处于较低层次，就无法拥有纵览全局的广阔视角，自然不能对顾客需求有全面的掌握，其结果就是使公司的利益受损。比如，一个顾客想购买一整套运动器材，但企业只能提供跑步机，那么顾客就会选择去其他提供产品更齐全的厂商购买，该企业就会损失大部分收益。

从公司自身的角度来看，为了满足顾客的所有需求，每一个重要的功能如采购、设计、生产制造、销售、市场营销及售后服务等，对于战略规划单位都是必不可少的。当然，战略规划单位也可与其他业务单位共享某一功能，如研发。因为一个成功的战略必须能充分发挥三个关键因素的所有功能，而战略规划单位的作用就是发掘并利用公司自身的所有功能以与竞争对手形成差异。

2. 战略规划单位的确定

战略规划单位不宜划定得过于狭小，因为企业没有充分的自由度，就会丧失经济利益。例如，老人手机战略的用处就不大，因为该战略规划单位在公司中层次过低。第一，它没有考虑到老年人之外的客户群体以及老年人的其他产品需求；第二，它无法与专业的软件开发、手机芯片生产商相抗衡，这些厂商只需发明一套在临界领域的新产品就可进入老人手机市场。因此，该公司较好的战略规划单位选择应是适用群体广泛的、有充分经营自由度的智能手机。

出于同样的原因，如果战略规划单位划定得过宽，就无法建立行之有效的战略。比如医疗保健战略，该战略规划单位在公司层次中就过高。这个战略包括医疗器械、医院、疗养中心、教育培训机构及社会福利机构等，对于这些关键因素，每一个因素都可能包括数十种具有不同功能的因素，各因素间纷繁复杂的关系会增加企业推进战略实施的难度。而较合理的战略应该由具体的设备构成，如超声显像诊断仪、半自动生化分析仪、多功能微波机等，这些设备都是与生产运营环节息息相关的。这样，公司自身才会面临需求相同的顾客和竞争对手。

在现实中，战略规划单位确定不当的例子也并不少见，如某医院后勤供应战略、某公司采购部门战略等，它们存在的共同问题就是缺少一个或多个战略因素。例如，若没有竞争者，就无须调整战略，只需改进客户服务水平即可。还有一个问题就是战略规划单位没有充足的经营自由度，战略活动范围仅局限于一两个职能部门，而这些部门既不能迅速灵活地对顾客需求变化作出反应，又不能抵御竞争对手的全面进攻。

（三）顾客战略

在大前研一看来，顾客是所有战略的基础。显然，公司开展各项业务活动时放在首位的，应是顾客利益，而不是股东或者其他利益相关者的利益。在实际中也可看出，那些凡事把顾客利益摆在第一位的企业最能吸引投资者。

1．顾客群体的划分方式

（1）按消费目的划分，即按照产品不同的使用方式来划分顾客群。以咖啡为例，有些人喝咖啡是为了消除长时间工作造成的疲惫感，如公司白领等；而有些人则是在某些社交场合饮咖啡，如商务人士等。

（2）按顾客覆盖面划分。这种划分方式的依据有消费者的居住地域、公司的分销渠道等。企业为了获得更多的营销收益，应拓宽其市场覆盖面。

（3）按顾客的细分市场划分。从长期来看，企业竞争对手采取的市场细分手段很可能与企业本身的相仿，那么，企业原先进行的市场细分战略带来的效用可能会不断降低。这时，企业就应重新细分市场，集中精力于小部分的核心客户，重点关注他们所需的产品和服务。

2．消费者组合的变化

随着时间的推移，市场力量通过影响人口结构、销售渠道、顾客消费方式等因素，使得消费者组合的分布形态也随之变换，这意味着企业资源需重新配置。在这种情况下，企业应因时制宜地进行市场划分。

（四）竞争者战略

大前研一主张，企业的竞争者战略，可以通过采取有效手段与方法，追求在采购、设计、制造、销售及服务等功能领域的差异化来实现。具体思路如下：

品牌形象差异化。索尼和本田的销售量要远远高于竞争对手，就是因为它们投入了更多资源在公关和广告上。在产品功能上的差距逐渐缩小、销售渠道逐步趋同的情况下，品牌形象也许就是差异化的唯一源泉。但是，品牌形象危机并非不会发生，比如瑞士的腕表业。因此，企业很有必要对品牌形象进行长期有效的监控。

利润和成本结构差异化。一方面，在推出新产品时，应尽可能多地在前期攫取利润。另一方面，充分利用固定成本与变动成本比例搭配来获取利润。当经济不景气时，固定成本较低的企业就能实施低价策略，通过价格战来扩大市场占有率。这对于那些固定成本较高的企业会造成强有力的冲击，使它们丧失大量的市场份额。

轻量级拳击战术。企业要做广告、进行技术研发都需要投入大笔资金，这对有雄厚资金作支撑的大公司来说不算沉重的负担，但对于捉襟见肘的中小企业来说就是个沉重的负担。因此，中小企业可以另辟蹊径，设立一个可变的市场激励计划，给予销售业绩佳的经销商额外回报。显然，那些企业巨头们不会给经销商提供这样的好处，而中小企业就可从中获利。

Hito – Kane – Mono。Hito – Kane – Mono 是日本企划师们津津乐道的三个字，即人、财、物（固定资产）。他们强调，企业只有在三者实现平衡状态、没有余缺时，才能实现流线型的企业管理。当企业的现金流超过管理人员的资金需求量或企业现金存量不够管理人员支配时，都是一种浪费。因此，在人、财、物三种资源中，企业应该最后配置"财"（资金）。企业应先将现有的"物"分配给与之匹配的"人"，以充分挖掘"人"的内在潜力。"人"的潜力被开发出来后，就会将"物"和"财"安排到能发挥最大效用的商业构想和生产项目上。

案例 6 – 11

从 3C 战略看李宁品牌重塑

体育用品行业竞争越激烈，品牌在竞争中的作用也就越突出。李宁公司一开始是一家依靠体操王子李宁起家的小公司，在其发展过程中也曾遭遇瓶颈，但经过一系列品牌重塑行动后，李宁公司逐渐奠定了行业领导者的地位。

下面基于日本战略大师大前研一提出的 3C 战略模型，对实施品牌重塑战略前的李宁公司作全面分析。

1. 针对李宁品牌

品牌重新定位。2002 年，李宁公司确立全新的品牌定位，即"专业化、时尚化、东方特色和国际化"，走上了体育用品专业化的发展道路；同时，其广告诉求改为"李宁，一切皆有可能"。

提高产品价格和品质。李宁公司增加研发投入，进行技术创新，提高产品的科技含量和功能性价值；同时，提高产品价格，把产品推向高端。

改变品牌推广模式，即将品牌推广的中心由普通消费者向国家级运动员转移。李宁公司借鉴耐克的推广思路，彻底改造营销方式，转为专业化的体育营销。通过冠名赞助体育赛事来推广品牌，同时加大与体育明星特别是 NBA 球员的合作。

实行多品牌策略。目前李宁公司拥有"李宁""艾高""SHAQ"等多个品牌，还成为著名乒乓球品牌"红双喜"的控股公司。

品牌国际化。李宁公司把品牌国际化提高到战略高度，制定了"先品牌国际化再市场国际化"的战略，最终提升李宁品牌的国际化形象。

2. 针对公司顾客

进行市场细分，重新确定目标顾客。李宁公司仔细剖析了产品特点和消费者需求，把目标顾客群体调整为 15～25 岁的年轻人，这类消费者更加追求时尚和运动，并按照产品的功能性对顾客的年龄、性别等进行细分，以满足客户的需求。

牢牢抓住最核心的顾客。李宁公司将大学生确定为最核心的消费群，集中公司资源，努力成为中国大学生运动会的最大赞助商。

争取高端客户。进军体育专业用品高端市场后，李宁公司也展开了与耐克、阿迪达斯等品牌商家的争夺赛。

3. 针对竞争对手

确定差异化业务领域。自 2002 年起，李宁公司致力于生产 5 类体育用品：跑步用品、篮球、网球、足球和健身器材。在中国市场，定位与跑步相关的品牌集中度不高，李宁公司抓住了这一契机，将跑步定为差异化业务发展领域。

实施价格区隔。李宁产品的价格比国际知名品牌低 30%～40%，但比国内品牌高出 50%。在高端市场上加紧技术创新，以价格优势与世界级品牌同台竞争；在中低端市场上，李宁公司利用其在质量和技术上的优势提供性价比更高的产品，来抢占国内市场份额。

发挥分销渠道优势。李宁公司的分销网络在一级城市维持现状，针对耐克和阿迪达斯尚比较薄弱的二、三级城市，李宁公司通过优化资源，在确保原有门店继续经营的前提下，加快开发新的特许加盟店，以比竞争对手更完善的分销渠道实现在中国主要城市的同步发展。

【资料来源：商虎中国商业资讯网，http://cn.sonhoo.com/】

第四节　职能层战略

职能层战略是执行者。

——美国企业界名言

职能层战略描述了企业在执行公司层战略和事业层战略的过程中，企业内每一个职能部门所采取的工具和方法。企业所处的行业不同，其职能层战略也有所不同。一般情况下，职能层战略可分为生产战略、人力资源战略、市场营销战略、财务战略和研究与开发战略。

一、生产战略

生产战略是指企业在总体战略的指导下，决定如何安排生产作业活动、实现企业战略目标的战略。生产战略是企业职能层战略之一，旨在让企业在生产领域内获得某种竞争优势，以支持企业的整体经营战略。

生产战略主要受到三个方面的制约，如图 6-3 所示。

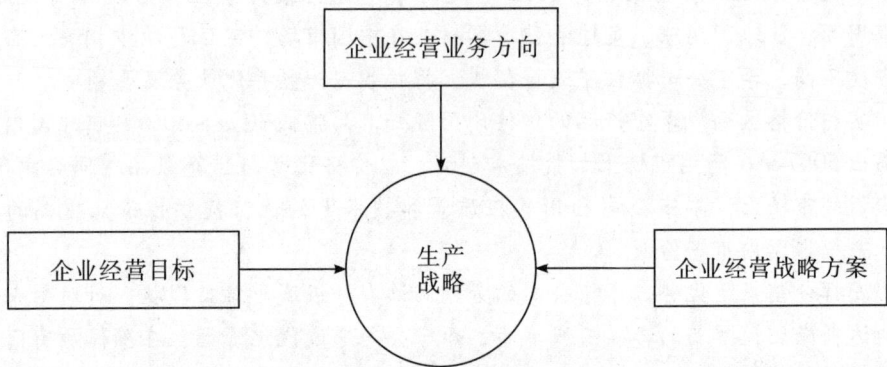

图 6-3　生产战略的制约因素

（1）企业经营业务方向的制约。有的公司以市场为导向，例如消费品生产企业；有的公司以产品为导向，例如家电生产企业；有的公司以技术为导向，例如高新技术企业。不同的导向要求企业有不同的生产战略与之相适应，也造成这些生产战略在经营战略中的地位不尽相同。

（2）企业经营目标的制约。有的企业把市场占有率作为经营目标，就会采取各种促销措施，增加销售量，而企业也要适当扩大生产规模以适应消费需求，那么企业可能就会忽视对技术创新方面的重视，以致降低创新优势；还有的企业并没有追求确定的市场占有率，而是把注意力集中在开发新产品和提高产品质量方面，这可能会造成交货期无法得到保证。可见，不同的经营目标对企业生产战略都有重大影响。

（3）企业经营战略方案的制约。多元化战略要求产品在特色、质量、品种、性能等方面具有优势，但这会降低产品的标准化，使企业无法满足规模经济的要求而丧失成本优势。而单一产品战略则追求产品标准化，易使企业达到规模经济，获得成本优势。因此，多元化战略和单一产品战略的不同对生产战略有极大的影响。

案例 6－12

某药业集团的生产战略

某药业集团始建于 1971 年，是国家重点中成药生产企业，总资产 5 000 万元，是妇女儿童药品专业生产厂家。由于种种原因，该药业集团债台高筑，经营陷入困境。但经过几年的努力，该集团终于走出了低谷，迎来了新一轮的发展机会，并制定了创"中国妇儿用药及卫生用品第一品牌"的战略目标。

该药业集团为了实现战略目标，在生产方面制订了五年规划。首先该集团更换现有硬件设施，扩展生产场地，建造符合各项标准的生产车间；其次该集团提高药品的生产能力，努力超过行业中的劲敌，一举成为制药行业中的排头兵；最后该集团制定严格的生产管理制度，加强质量检测、成本检测，提高质量水平，争取通过国际药品资格认证，进军国际市场。

【资料来源：MBA 智库文档，http://doc.mbalib.com/view/09c76d55c6699b7e2ea29c107de1b62c.html】

二、人力资源战略

人力资源战略是指企业在总体战略的指导下，为实现战略目标而制订的适应内外部环境变化的人才资源开发与管理的纲领性长远规划。人力资源战略的宗旨是保障企业获得具有良好技能、有创造性、有积极性的员工，并激发他们的潜力，以使企业保持持续的竞争优势。

人力资源战略是企业总体战略的核心，必须服务于总体战略。因此，人力资源战略的目标需要在总体战略的指导下制定。这些目标包括：

（1）根据企业总体战略的要求，确定企业中长期发展需要的人员总量；

（2）调整企业人力资源结构，形成最优的人才结构，符合企业各领域、各部门对人才的需求；

（3）加强企业内部员工培训，使之与工作岗位要求相符，提高全体员工素质；

（4）创造良好的工作氛围，激发员工的创造性和积极性，努力把人力转化为人才，使他们为企业发展做出贡献。

企业的核心能力是竞争对手无法模仿的，它的建立旨在贯彻公司战略，但核心能力又因公司战略要求的不同而不同。并且，核心能力是由员工来执行的，对员工的能力要求也在逐渐提高。而通过这种关系，就可以建立起公司战略与人力资源战略之间的桥梁——明确公司核心能力，与公司战略目标相结合，确定公司的职业化人才队伍。

案例 6 – 13

某知名企业的人力资源战略

某企业深知人才是最能与竞争对手区别开来的核心能力，也是提高企业竞争力的关键，因此对人才的培养及对员工的职业规划被提到了战略问题上。该企业为了进一步做大做强，走向国际市场，实行了以下人力资源战略：

1. "国际化的企业，国际化的人"——人力资源开发目标

以"走国际化的道路，创世界名牌"的思想为指导，该企业清醒地认识到，要想成为一个国际化品牌，必须拥有国际化的人才，这样才能为开辟国际市场减少阻力。

2. "赛马不相马"——人力资源开发原则

该企业坚持"赛马不相马"的人力资源开发原则，坚持创造一个公平、公正、公开的工作环境，以充分发挥员工的潜力，发掘他们自身的潜在价值。

3. "挑战满足感、经营自我、挑战自我"——人力资源开发的市场机制

该企业认为，人是创新的主体，是主导性因素。为此，企业设计了市场链的人力资源开发的市场机制。

（1）"外部市场竞争效应内部化"——市场链。

该企业认为，企业有内部、外部两个市场，内部市场满足员工的需要，提高

员工的工作积极性；外部市场满足顾客的需要，提高顾客的忠诚度。在企业内部，每一位员工都有自己的市场，都需要对自己的市场负责。

（2）即时激励——充分挖掘和发挥内部员工的积极性。

该企业为了鼓励员工自主创新，颁布了《职工发明奖酬办法》，设立很多奖项，对那些为企业创造社会效益和经济效益的员工授予物质奖励和精神奖励。

【资料来源：中国人力资源开发网，http://www. chinahrd. net/management – planning/strategic – planning/2005/0223/121992. html】

三、市场营销战略

市场营销战略是指企业在现代市场营销观念指引下，为了满足顾客多样化需求，实现企业经营目标，规划的一定时期内的市场营销发展战略。市场营销战略是一种职能层战略，使得企业将有限的资源和能力集中到最佳的机会上，以赢得顾客，占领市场，保持竞争优势。市场营销战略是一系列战略的集合，包括市场细分战略、市场选择战略、市场进入战略、市场竞争战略以及市场营销组合战略。

（一）市场细分战略

市场细分战略是指根据顾客的需求和消费习性，把市场划分为不同顾客群市场的一种战略。其本质就是按需求细分市场，主要包括三个方面内容：市场细分的模式、市场细分的依据、市场细分的有效条件。

1. 市场细分的模式

按照顾客对产品不同属性的重视程度，市场细分会形成以下三种模式：同质偏好、分散偏好、集群偏好。

2. 市场细分的依据

企业可以使用不同的变量进行市场细分，不一定要用统一的变量细分市场，这些变量一般分为地理细分、人口细分、心理细分、行为细分。

3. 市场细分的有效条件

并不是所有市场细分都有实际意义，有效的市场细分应具备如下五个特征：可衡量性、可盈利性、可进入性、可区分性、可行动性。

（二）市场选择战略

企业进入目标市场一般有六种选择：

1. 进入单一市场

这是企业进入市场最简单的选择，只选择一个细分市场进行营销。

2．进入多个市场

这是指企业进入多个具有发展潜力的细分市场，并且企业的资源和能力可以支持多个细分市场。

3．产品专业化

这是指企业同时向多个细分市场销售同一产品。

4．市场专业化

这是指企业同时向一个细分市场销售一种或者多种产品。

5．全面进入

这是指企业全面进入一个市场，为整个市场提供产品或服务，以满足所有顾客需求。

6．大规模定制

这是指企业按照每个顾客的需求大批量生产产品，这些产品之间的差异可以具体到每个标准元件。

（三）市场进入战略

1．进入方式

根据实际情况的不同，企业选择市场进入战略可采用以下三种方式：强化营销、一体化营销、多元化经营。

2．进入顺序

企业进入市场的顺序最好是一个接着一个，逐步进入每个细分市场，这样可以隐瞒自己的意图。通过这种进入顺序，竞争对手无法摸清企业下一步打算进入哪一个细分市场，有利于企业实现市场进入战略。

（四）市场竞争战略

企业在市场上主要处于四种竞争地位：市场领导者、市场挑战者、市场追随者、市场补缺者，而企业处于不同的竞争地位就需要有不同的竞争策略与之匹配。

1．市场领导者

市场领导者是指占据最大市场份额的企业，其可以控制市场内的价格制定、销售渠道建设以及产品研发等方面。企业如果想一直处于市场领导者的竞争地位，必须采取以下措施：全面进入，对整个市场进行开发；维持最大市场份额；为了进一步巩固市场领导者的地位，提高市场份额。

2．市场挑战者

仅次于市场领导者的企业称为市场挑战者，其可以向市场领导者发起挑战以争夺更多的市场份额。但市场挑战者在发起挑战前必须先确定挑战对象以及挑战策略，然后再发起进攻。企业可选择的挑战策略有正面进攻、侧翼进攻、包围进攻、迂回进攻、游击式进攻。

3. 市场追随者

市场追随者是对现在的市场地位感到满意，不会主动攻击市场领导者，而是追随市场领导者的企业。一般有以下追随策略：寄生者、有限模仿者、改进者。

4. 市场补缺者

市场补缺者是指每个行业中的小企业。它们为求得生存和发展，选择避开竞争对手。因此，市场补缺者选择面向竞争对手力量不足的细分市场，满足顾客需求。

（五）市场营销组合战略

1. 产品战略

在现在快速变化的市场中，企业必须不断改进产品、研发新产品，应付竞争对手的攻击，掌握市场主动权。

（1）产品组合战略。产品组合战略是指企业搭配组合全部产品项目满足顾客需求的一种战略，它反映了企业的经营范围和经营结构。

（2）新产品开发战略。新产品开发战略是指企业提供新产品满足顾客新需求，给顾客带来新利益的一种战略。新产品大致可以分为新发明、改进后的产品、更新换代的产品三种类型。

（3）产品生命周期战略。产品生命周期一般分为导入期、成长期、成熟期、衰退期四个阶段，所处阶段不同决定了其具有的特点不尽相同。产品生命周期战略则是指企业针对处于不同生命周期阶段的产品，制定相对应的产品营销战略。

（4）品牌策略。企业为自己的产品规定商业名称，我们称为品牌。一般来讲，品牌包含两个方面：其一是品牌名称，例如海尔、海信、联想、方正、清华同方等；其二是品牌标志，即表示品牌的符号、图示、字体等。

2. 定价战略

定价战略是市场营销组合战略的重要组成部分，其优劣程度严重影响市场营销组合的成功与否。企业产品定价目标一般有生存下去、获得最大化当期利润、获得最大化当期收入、获得最大化市场利润等。企业根据内外部环境和经营目标的要求，可以采取以下定价战略：

（1）新产品定价策略。新产品分为受专利保护的完全创新的产品和在原产品的基础上改进升级或仿制的新产品。对于前者，企业可采用撇脂定价和渗透定价；对于后者，企业可采用的定价策略有优质高价、优质中价、优质低价、中质高价、中质中价、中质低价、低质高价、低质中价、低质低价。

（2）产品组合定价策略。当企业生产的系列产品在效用、成本或顾客需求方面存在某种关联时，为了积极发挥这种关联作用对企业带来的优势，可采用产品组合定价策略。

（3）折扣与折让策略。企业为了吸引顾客、鼓励顾客大量购买以及付清货款，可以采取降低产品基本价格的策略。这种降低产品基本价格的策略，称为价格折扣或价格折让。价格折扣包括五种类型：现金折扣、数量折扣、季节折扣、功能折扣、让价折扣。

（4）差别定价策略。差别定价策略，又称为价格歧视，是指企业根据两种或两种以上不反映成本费用比例差异的价格向顾客销售某种产品或服务。差别定价有四种类型：顾客差别、产品差别、地点差别和时间差别。

（5）心理定价策略。心理定价策略是指在分析顾客心理的基础上制定产品价格，例如声望定价、尾数定价、奇数定价等。

3. 分销战略

分销战略是指企业为每一种产品选择合适的分销渠道。所谓分销渠道是指产品或服务从生产者向最后消费者转移的过程中，取得这种产品或服务的所有权或帮助所有权转移的组织。分销渠道主要包括生产商、批发商、代理商、零售商、商业服务机构以及消费者。企业根据产品特点、经营能力、经济条件、市场容量和市场需求，可以选择不同的分销策略，如独家分销、密集分销、选择性分销。

4. 促销战略

促销战略是指企业通过促销组合将产品信息传递给消费者的行为。所谓促销组合是企业为达到预期的销售目标，有计划、有目的地将广告、宣传、报道、营业推广、人员推销等营销工具配合起来应用的一种营销方式。

案例 6 - 14

某水家电企业的市场营销组合战略

某水家电企业首创了饮水机专用净水器，经过十多年的发展，企业已从快速成长期进入成熟期。该企业为了继续巩固市场地位，需要不断拓展关联产业，并开发新兴产业。为此，该企业实施了一系列市场营销组合战略：

1. 市场细分渠道渗透

该企业采取灵活多样的渠道模式，加强三、四级市场网络的辐射。管理平台重心下移，在提升一、二级市场的市场规模的同时，大力开发三、四级市场，提高市场的操作空间。实施重点市场、重点客户，重点投入资源；一般市场、一般客户，重点维护的市场渗透策略。

2. 科学管理提高效率

严格划分销售区域，控制货物流向，严禁窜货现象发生，确保市场稳定成长。大力推广以专卖店为网点的营销模式，加强区域的协调和运作指导。建立销售运营管理的电子商务网站平台，提高区域人员的执行权限。重视对经销商的专业化指导，努力打造一个融洽、协调的营销团队。加强个别市场协调管理能力，使垂直销售体系与平行销售体系共存，提高市场份额。

3. 强化推广塑造品牌

为了强化该企业高科技、高品质、专业化的"水家电标准专家"的品牌形象，通过一系列的促销活动、广告宣传及媒体传播，扩大该企业的市场影响力，并有的放矢，集中资源于有效的地方。

4. 提高服务水平

全力打造"饮水卫士，专心致志"的服务口号和服务承诺，在技术方面、管理方面、服务方面形成统一的规范和指导，帮助经销商建立起专业化的服务团队和操作流程。合理安排物流，准确发放配件，做到及时、高效，如遇特殊情况，注意与区域市场协调沟通。

【资料来源：28商机网，http://www.28.com/mxsr/hb/n-47944.html】

四、财务战略

（一）财务战略的内涵

财务战略是指保持企业资金流动平衡的一种战略。财务战略主要考虑的是企业资金使用与管理的问题，并据此与其他职能层战略区分开。企业财务战略是指企业在内外部环境分析的基础上，对企业资金流动进行全局性、长期性的谋划，以适应企业的生产经营，为企业带来健康的发展。财务战略是决定企业战略是否成功的一个关键问题，成功的财务战略不一定能使企业起死回生，但是失败的财务战略会使企业的经营发展战略一败涂地。在现如今的经营环境下，稳定的资金流动对企业的发展至关重要。没有一个有效的财务战略，企业是无法健康发展下去的，甚至连生存都成问题。

战略指南　　财务战略一般是由企业最高层决定的，甚至会经过董事会的表决，大多数企业会把财务战略的目标作为企业最主要的目标。并且，财务战略总会涉及企业全局，具有全局性、长期性的特征。因此财务战略目标和企业总的战略目标通常是一致的，甚至是重合的。

（二）财务战略的内容

企业在实现财务目标的过程中，通常涉及三个方面内容：企业筹资、企业投资以及企业收益分配。因此，财务战略包括筹资战略、投资战略、收益分配战略等一系列战略。

1. 筹资战略

筹资战略是指企业根据实际需要进行筹资的一种战略，其中筹资方式是最重要的。企业有四种筹资方式：内部筹资，利用企业内部的留存利润筹集资金；股权筹资，向新老股东发行股票筹集资金；债券筹资，向企业外部的银行或金融机构贷款获得资金；销售资产，选择出售部门有价值资产筹集资金。

企业筹资的目的是满足企业在一定时期内生产经营所需的资金，它不仅要求资金的数量，而且要求资金的质量，即选择的筹资方式与企业资源和能力相匹配，可以降低资本成本和筹资风险，增强企业的资金灵活性，不断加强竞争力。

2. 投资战略

投资战略是指企业把获得的资金投入项目，获得收益的一种战略。一般要注意的是，企业获得的收益不仅指经济利益，还指公众利益。虽然公众利益不是大多数企业愿意追求的，但是一旦获得，将有利于企业的长远发展。

企业投资要遵循一定的原则，例如集中性原则，把筹集到的有限资金集中投放到某个项目，这是首选原则；灵活性原则，企业投资要随内外部环境的改变作出相应变化，主动适应环境，而不能一成不变；准确性原则，企业要在合适时间投放合适数量的资金；协同性原则，企业应按合理的比例将资金分配在不同要素上，以期使其收益最大化。

3. 收益分配战略

决定盈余分配和留存政策是财务战略的重要内容，盈余分配是指企业应该分配的利润是多少，以刺激利益相关者的积极性；留存政策是指企业应按多大比例提取盈余，以促进企业的发展。企业的盈余主要在债权人、员工、国家和股东之间进行分配。由于前三者的分配比例比较固定，只有股利分配是灵活的，因此股利分配是收益分配的主要内容。股利分配主要解决企业是否发放股利、发放多少以及何时发放的问题。股利发放可能被投资者看作一种信号，了解企业的经营发展和盈利性如何。

（三）财务战略的实施原则

通过以上分析，发现企业财务战略的实施必须遵循一系列原则，以加强对资金的控制。企业资金如同企业的血液，如果不加以控制，很容易发生意外，造成资金流短缺。

实施财务战略时要遵循四个方面原则：

（1）自控性原则。企业对财务战略的实施要做到权责对等，谁出现问题谁负责，充分发挥财务人员的上进性和进取性。

（2）灵活性原则。企业的外部环境时刻发生变化，作为企业战略的一部分，财务战略也需要与外部环境相匹配，不能一成不变，需要作出相应调整。

（3）优先性原则。企业出现问题时，优先解决影响全局的、具有长期性的问题。

（4）适度性原则。企业发现问题时，要及时反馈，尽快解决，刻不容缓。

五、研究与开发战略

研究与开发战略是指企业在研究与开发方面的愿景规划和方向。研究与开发战略是由企业的经营理念和经营目标决定的，是为实现经营目标而选择研究与开发方式，以及针对研究与开发活动合理配置企业资源的方针。

一般来讲，研究与开发战略有四种类型：革新型战略，主要是指企业研究与开发新产品、新服务，通过技术的创新成为市场领导者；保护型战略，主要是指企业改进现有产品或现有服务，通过技术改进维持目前市场地位；追赶型战略，主要是指企业研究主要竞争对手的产品或服务，通过这种技术研究改善自身所生产的产品或服务，紧追市场领导者；混合型战略，混合应用以上三种战略。

在技术研究与开发上，企业可以选择三种方式：自己独立研究与开发、技术引进、联合开发。企业采用哪种研究与开发战略以及哪种研究与开发方式，主要依企业的资金实力、规模、技术优势、外部环境状况等而定。

本章小结

战略方案的制订过程是一种思维过程，是在分析企业内外部环境并综合分析评价各类要素后作出的，公司层战略、事业层战略、职能层战略之间应互相匹配。公司层战略是企业的总体战略，是指导企业开展经营活动的最高行动纲领；事业层战略和职能层战略都是辅助性战略，旨在更加科学准确地实现公司层战略的目标。

第七章　战略实施

CHAPTER 7

深圳某集团的战略实施

深圳某集团拥有下属企业 24 家，其中两家股份有限公司为上市公司。虽然战略目标明晰，但组织结构冗杂，问题重重：

(1) 没有行之有效的手段保证战略目标的实现。

(2) 预算系统流于形式，没有发挥出资源配置的作用。

(3) 缺少完善的监控系统。

(4) 绩效考核为考核而考核，没有和集团的战略目标结合起来。

针对该集团出现的问题，公司采用 8S［整理（seiri）、整顿（seiton）、清扫（seiso）、清洁（seiketsu）、素养（shitsuke）、安全（safety）、节约（save）、学习（study）］的工作方法对其进行梳理，并提出行之有效的解决方案。

第一步：分解战略发展目标，列出工作计划，明确责任人，并以相应的资源作支持。

8S 作为战略执行系统，需要基于明确的战略目标。因此，先梳理公司的战略规划，查看目标是否明晰，再审查是否有配套的举措为后盾，以保证目标的实现。

在战略举措的明确方面，公司选用 BSC（平衡计分卡）作为基本的应用工具。首先根据集团的战略目标，以 BSC 的思维，画出相应的战略地图，清楚地标明在财务、客户、内部流程、学习成长方面企业需要达成的目标，以及相互之间的关系。而后，将战略地图转化为平衡计分卡，清楚地呈现应该关注哪些关键问题。

接下来根据战略重点，重新审视现有的组织结构能否满足战略的实施，将平衡计分卡上的关键任务明确到相应的部门，做到"事事有人负责"，再与岗位职责相结合，列出详细的工作计划。

资源分配是有计划、有目的的，预算实际反映的是集团的资源分配过程，也要和战略的实施结合起来。因此，预算的制定需要结合平衡计分卡和工作计划，集中力量解决主要矛盾。

第二步：理顺工作流程。

流程管理的改进与优化是战略执行管理的主要工具，一般来说包括管理流程和业务流程两部分。将各个细化的目标、负责的人员及操作方式以流程的形式确定下来，让每个人都明确各自的任务，从而达到既能提高效率，又能规避风险的目的。除了将现有的流程理顺以适应战略以外，更重要的是建立起规范的流程管理体系，使流程能够更加机动灵活。

第三步：建立过程控制体系和督查体系。

督查体系包括三大部分的内容，督查表单、质询会议和预警系统。其中督查表单是质询会议和预警系统的基础数据支持。督查表单选取平衡计分卡中的重点目标，将其细分为各个子目标，标注获取方式和计算公式；再结合集团实际情况，给指标划定波动范围，定期上报表单。质询会议需要结合集团原有的经营工作会议，定期召开，以表单数据为基础，审视阶段内集团战略目标的达成情况；同时结合指标的范围，及时指出问题所在。预警系统包括指标预警和应急预案两部分。指标预警与督查指标结合在一起，在督查表单上以数值范围形式列出，一旦出现数据超过指标波动范围的情况，则需要启动相应的应急预案。

第四步：建立有吸引力的评价和薪酬体系。

8S 战略执行管理体系的最后一步是根据以上战略执行的情况，将考核评估结果与责任人薪酬、业绩评价挂钩，建立更有效的薪酬体系，给予员工物质激励和精神激励。

【资料来源：世纪纵横网，http://www.allcen.cn/html/Gltx_ 8s02.html】

案例启示

深圳某集团通过 8S 战略执行管理体系对其战略实施过程中存在的问题进行梳理，并提出了有针对性的解决方案。战略实施是战略得以实现的必要阶段，如果这一阶段出现问题，企业的战略目标就很难达成。因此，企业通常通过调整组织结构、合理配置资源以及建设相关的制度来保证战略的实施。

第一节　战略实施概述

战略制定者的绝大多数时间不应该花费在制定战略上，而应该花费在实施既定战略上。

——亨利·明茨伯格（加拿大管理学家）

如果实施状况不佳，再好的战略也会流产。

——伯纳德·芮曼（战略管理学者）

一、战略实施的内涵

战略实施是指将企业制订的战略方案付诸行动。企业在弄清楚了所处内外部环境之后，根据企业的使命和宗旨制订了实现战略目标的战略方案，然后专注于将战略方案转化为具体行动。战略实施是战略管理的行动阶段，它将战略目标具体化，因此它比战略制定更加重要。

战略实施是一个自上而下的动态管理过程。自上而下是指企业高层制定战略目标以后，再向中层传递，中层分解之后再向下层传递，并把战略目标在各项工作中进行分解、执行。动态是指战略实施是一个循环过程，需要在分析—决策—执行—反馈—再分析—再决策—再执行的循环过程中把战略方案付诸行动。

二、战略实施的影响因素

在战略管理过程中，不存在一个对所有企业战略实施都适用的"万金油"模式，影响企业战略实施的因素会对不同的企业产生不同的作用。而且，各个企业都会根据自身企业的情况设计战略实施方针。一般来说，影响战略实施的因素主要有以下六个方面：

（1）企业是否拥有战略实施要求的组织结构和组织运行机制。

（2）企业各个部门的协调配合程度。

（3）战略实施与企业各层管理者素质和领导风格的匹配程度。

（4）企业文化，例如企业办事程序、企业工作风格等，与战略实施要求的一致程度。

（5）企业员工能否获得战略实施所必需的信息。

（6）企业是否有一个完善的激励制度，鼓励员工积极地执行战略方案。

三、战略实施的权变与动态性质

战略实施过程本身是一个将战略方案付诸行动的过程。如果战略实施环境发生很大的变化，以致原定的战略方案不再有效，则需要对战略方案进行大幅度的调整，这样就成了战略实施中的一个权变问题。从战略制定到战略实施的过程中始终存在权变的问题。企业真正实现的战略方案是在战略实施过程中与内外部环境相适应而不断变化的一个动态决策过程，也是一个适应环境、不断寻找利用机会、避免损失的过程，这是一个没有严格起点和终点的动态过程。战略实施既具有权变性又具有动态性，虽然二者出自不同角度，但它们存在着共同点：不能把战略实施看成是一成不变的，不能依葫芦画瓢，而要因时制宜。

第二节　组织结构调整

有什么样的战略，就应有什么样的组织结构，然而这一真理往往被人们忽视。有太多的企业试图以旧的组织结构实施新的战略。

——戴尔·麦康基（著名经济学家）

一、组织结构的战略含义

组织结构是企业正式的报告关系机制、程序机制、执行和监督机制、治理机制及授权和决策过程。一个成功的企业不仅要有一个好的战略，而且要能成功地实施它，而战略的成功实施又需要组织上的保证。组织结构不仅一开始就对战略选择和制定产生影响，而且对战略实施起到了保证作用。组织结构对战略实施的重要性主要表现在以下三个方面：

（1）组织结构界定了企业各层次管理者的权利，明确了企业各层次管理者的责任，有助于企业建立良好的管理制度，以达到战略实施的效果。

（2）组织结构明确规定了企业内部各事业部门、各职责岗位之间分工合作方式，从而调动员工的积极性，共同完成战略目标。

（3）组织结构确定了企业内部员工之间的沟通方式和沟通渠道，保证信息准确、迅速地传递到员工手中，提高企业的应变能力。

二、组织结构的战略调整原则与内容

（一）组织结构调整的内容

组织结构进行战略调整的根本原则是适应循环原则。企业应在这一根本原则的指导下，展开与企业战略相适应的组织结构调整工作。这主要包括以下三个方面的内容：

（1）客观正确地分析企业目前具有的优势和存在的劣势，在此基础上，设计出与企业战略需求相匹配的组织结构模式。

（2）通过划分企业内部管理层次，界定相应的责、权、利，凭借合适的管理方法与工具，来保证战略的顺利实现。

（3）安排最合适的人才到企业组织结构中的关键战略岗位，实现人尽其才，以保证战略的有序推进。

（二）组织结构调整的前期准备工作

为了帮助上述组织结构调整工作有效开展，做好前期准备工作是很有必要的。前期准备工作包括以下几方面：

（1）辨别战略实施的关键环节或关键活动。

（2）把战略实施活动划分为若干个单元。

（3）明确各战略实施活动单元的责、权、利。

（4）协调各细分的战略实施活动单元间的战略关系。

三、组织结构类型的选择

（一）直线型组织结构

直线型组织结构是一种最简单的组织结构，直接设置从最高层到最低层的领导岗位，上下垂直领导，没有细分为职能机构或事业部门。这种组织结构比较适合于产品单一化、在某一特定地理区域占据市场的企业。我国很多民营企业在创建初期都采用这一组织结构。这种组织结构的好处就是可以降低管理费用，提高生产效率。图7-1为一种常见的直线型组织结构。

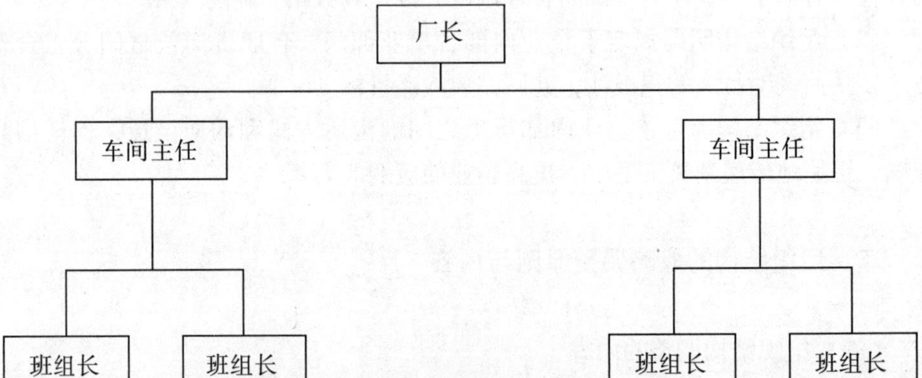

图7-1　常见的直线型组织结构之一

（二）职能型组织结构

职能型组织结构是指按照企业内部的各项职能来构造组织结构（图 7-2 是一种常见的职能型组织结构），例如市场营销部门、生产制造部门、财务管理部门、研发部门、人力资源管理部门等。职能型组织结构比较适用于具备下列条件的企业：

（1）公司处于比较稳定的外部环境中。

（2）公司各部门的技术独立性高，职能性比较强。

（3）公司规模不大，为中小型企业。

（4）公司具有一定的产品系列，产品线不长。

（5）公司的主要目标是提高效率，提高产品或服务的质量。

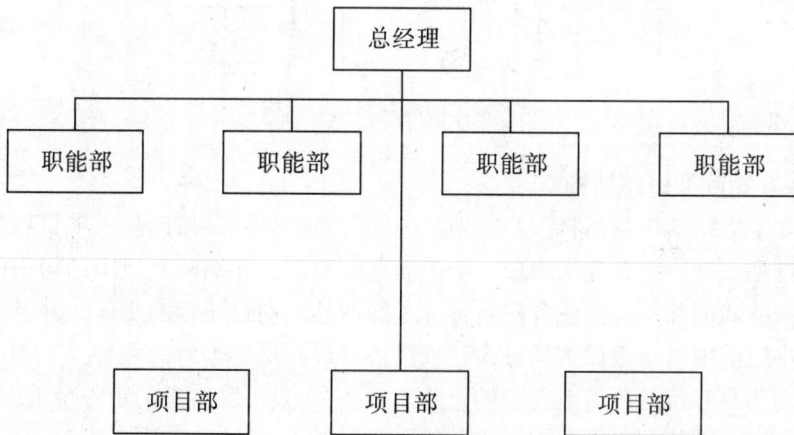

图 7-2　常见的职能型组织结构之一

（三）事业型组织结构

事业型组织结构是指企业按照产品或市场划分不同的事业部，并且事业部各自处理日常生产经营活动，类似于一个小企业，其多采用职能型组织结构（图 7-3是一种常见的事业型组织结构）。事业型组织结构比较适用于具备下列条件的企业：

（1）公司处于变化较大的外部环境中。

（2）公司规模较大，往往是多元化企业。

（3）公司各个事业部的独立性比较高，在任何方面都没有联系。

（4）公司的产品线较长或市场区域较多。

（5）公司关注对外部环境的反应速度，以及顾客的满意度。

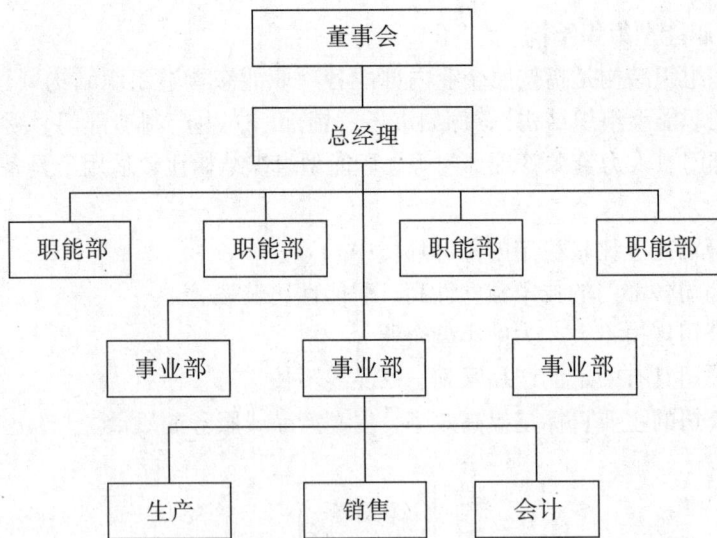

图 7-3 常见的事业型组织结构之一

（四）矩阵型组织结构

矩阵型组织结构是指将按职能划分的部门横向排列，按产品、项目划分的部门纵向排列，然后结合起来组成一个矩阵型的组织。在矩阵型组织结构中的员工既与原来的职能部门保持业务联系，又参加产品或项目小组的工作，并且为每一个产品小组或项目小组设置领导人，直接接受最高层管理者的领导。矩阵型组织结构适用于具有特殊项目或任务的企业。图 7-4 是一种常见的矩阵型组织结构。

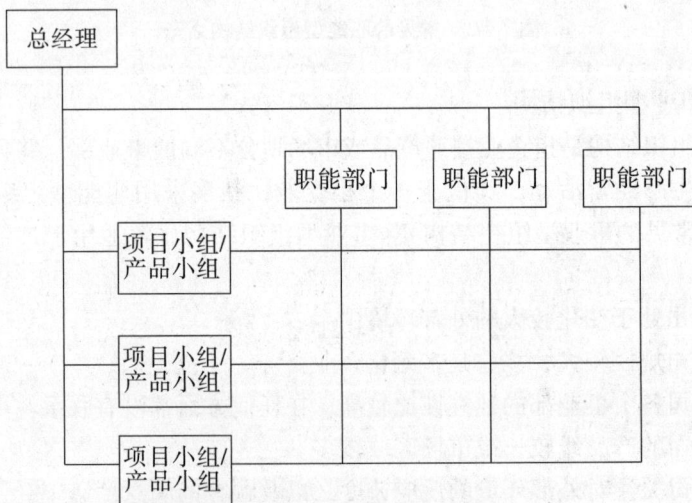

图 7-4 常见的矩阵型组织结构之一

四、组织结构的战略创新

社会经济发展日新月异，这要求企业随着外部环境的变化对内进行必要的创新。一般来说，企业组织结构的战略创新有以下几种形式：

（一）组织软化的趋势

组织软化即要求组织结构更加小型化、简单化，更富灵活性，这样也能进一步缩小人与人之间的距离，激发员工的工作积极性。这被认为是在追求组织结构"精美压"。

（二）建立混合型组织结构

现代组织结构普遍存在这样一个趋势，即在下放权力的同时又将战略规划和决策权集中于公司高层，形成高度集权与高度分权相结合的混合型组织结构。

（三）网络型组织结构

依靠现代信息技术手段建立并发展了一种新型的组织结构，即网络型组织结构。它包括两层组织：①管理控制中心，它集中了战略管理、人力资源管理和财务管理等关键功能；②柔性的立体网络，它根据业务需求组成团队，用合同作为联结各机构的桥梁。

（四）学习型组织

管理大师韦尔奇创造了无边界组织，这样的组织能够提炼知识、分享知识并充分地使用知识创造最高的价值。要想赢得全球范围内的竞争优势，创建学习型组织显得越来越重要。学习型组织要不断地开拓进取，创造新的核心竞争能力。

案例 7-1

某股份公司的组织结构调整

某国有传媒企业经过股份制改制后，独具慧眼的领导者适时抓住发展机会，并利用资本的有力推动作用，将其发展为现今的综合性传媒集团。但问题也与企业的发展如影相随。经过深入剖析，公司高层发现：如众多国企改制出现的问题一样，股份制改制仅是换汤不换药，企业的管理方式和组织结构无任何变动。于是，这成了摆在领导层面前急需解决的问题。

经过企业内部分析，发现该公司的问题主要有：①总体战略目标的分解出现紊乱；②子公司的结构问题突出；③企业权责不对称；④资源流失严重。针对这些问题，该企业对症下药。首先，明确企业总部的定位，企业总部负责管理整个企业的业务组合，充分发挥资源配置的作用，提高资源利用效率和企业绩效。其次，对不同产权结构的子公司采取不同的组织管理模式，清晰定义企业总部与各子公司之间的关系。再次，将三大主业分公司升级为事业部，并将同类产业纳入事业部统一管理，其他产业仍旧采用子公司管理模式。通过调整，增强事业部快速反应能力，进而增强其核心竞争力。最后，新设立投资决策委员会、证券投资监管委员会和考核委员会，各委员会承担相应的横向流程整合和协调职责。

经过调整组织结构，该公司明确了集团总部与子公司之间的管理关系和权力分配，理顺了各职能部门的权责划分和协调关系，管理层次精练化，指挥有效化，控制力度加强，防止了资源的流失，公司管理和运营效率大为提高。同时，与组织结构配套的薪酬和绩效管理体系的运用和实施，建立了良好的激励机制，提高了员工的工作积极性和工作效率，使其在顾客心中留下了良好印象。

【资料来源：育龙网，http://www.china-b.com/jyzy/ldl/20090303/510984_1.html】

第三节　资源配置

战略管理是分析式思维，是对资源的有效配置。

——彼得·德鲁克

资源配置是战略实施的重要内容。企业进行战略实施的过程本质上是对资源进行优化配置，完成战略目标。企业一般拥有四种用于实现战略目标的资源：财力资源、物力资源、人力资源及技术资源。

一、战略与资源的关系

在战略实施的过程中，必须对所属资源进行有效配置，这样才能保证战略的顺利实施。战略与资源的关系主要表现在以下三个方面：

（1）资源对战略具有保证作用。在战略的实施过程中，应当有必要的资源保障。如果没有资源，一切都是空谈。

（2）战略促使资源的有效利用。企业的资源是稀缺的，在正确战略的指导下，资源可以发挥其最大效益。

（3）战略促使资源的有效储备。有效储备是指必要的战略可以在适当的时机以较低的成本、较快的速度来储备资源。企业在战略实施过程中，优化资源配置，有利于实现有效储备的目的。

二、影响资源有效配置的因素

在战略实施的过程中，企业总是希望能将所有资源都合理地配置到最能支持战略成功的部门中。但在实践中，总有一些因素（见图7－5）使得资源的分配不合理，最终效果不尽如人意。

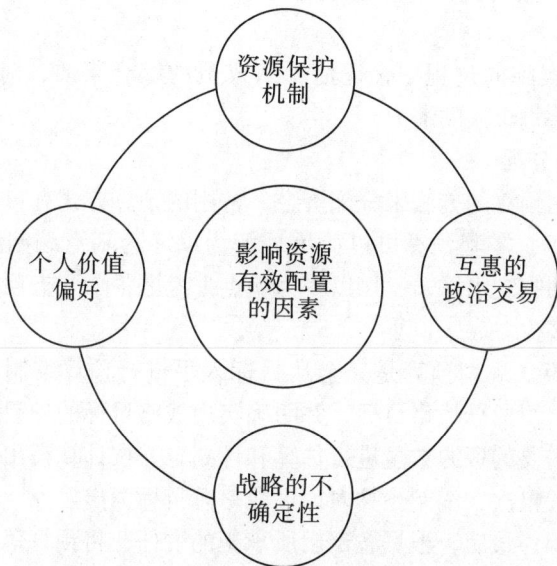

图7－5　影响资源有效配置的因素

（1）资源保护机制。资源分配人员往往担心资源在分配上出现差错，而不肯将资源分配到在实施战略过程中最需要资源的部门，或者由于决策的迟缓贻误战略时机。

（2）个人价值偏好。主管资源分配的人员的个人价值观念会对资源分配的数量、时间、分配面等有重要的影响。

（3）互惠的政治交易。企业内部的各种矛盾冲突，往往会使得资源的分配复杂化。不同利益集团相互提供好处的做法往往会加速或者妨碍资源的合理分配。

（4）战略的不确定性。战略的实施结果一般很难立竿见影，因此资源分配人员总是会有"等等看"的思想。

三、企业战略资源的分配

企业战略资源的分配一般可粗略地分为人力资源的分配和资金的分配两种。

（一）人力资源的分配

人力资源的分配一般包括三个方面的内容：

（1）将管理和技术人才合理安排在有重要战略地位的岗位上，在选择人才时要特别慎重选择关键人物。

（2）制订人才储备计划和技能储备计划，不断为战略实施输送胜任力强的人才。

（3）在战略实施的过程中，评估团队成员的综合素质，对其合理地分配、组队，以充分发挥每个人的潜力。

（二）资金的分配

企业一般采用预算的方法来分配资金，常用的预算方式有：

（1）零基预算。零基预算可以简单理解为以零为基点编制的预算。不考虑过去的预算项目和收支水平，一切以零为起点去考虑各个开支项目在预算期内的必要性和数额的多少。

（2）规划预算。规划预算是完全从目标入手进行预算编制的。首先，由最高层管理者制定组织的总战略目标，并明确实现战略目标的项目；其次，对每个项目在实施中所需要的资源数量进行估算和计划，并按计算得出的资源数额对项目顺序进行排列；再次，编制预算时，以战略总目标为出发点，依据项目排列的先后顺序分配资源；最后，根据各部门所承担的责任，将预算落实到各部门。

（3）比例预算。企业各部门根据往年的预算数据确定划分的比例，然后根据划分好的比例进行预算支出。

（4）产品生命周期预算。产品生命周期包括四个阶段：导入期、成长期、成熟期、衰退期。产品生命周期预算是指根据这四个阶段的不同特点进行全面预算的编制模式。具体来讲，产品导入阶段应以资本预算为主，在产品成长阶段应以销售预算为主，在产品成熟阶段应以成本预算为主，在产品衰退阶段应以现金流量预算为主。

案例 7-2

某公司的资源配置

某公司认为资金流是公司的血液，物流是公司的肌肉，若这一切都停滞就意味着公司的发展是病态的，会遭受亏损。经过流程再造之后，该公司以"零距离、零库存、零营运资本"的"三个零"为努力目标。

优化资源配置是效益最大化的有效途径之一。资源只有在合理配置的时候，才能发挥其最大效能，而决定资源配置的无形之手就是需求——订单。公司运作的每一个环节都离不开客户订单，只有按需配置才能避免资源浪费。

该公司能实现"零库存"的目标，正是依靠集团的物流体系和信息系统，在采购、制造、销售等环节实现了有机统一，既及时提供了货品，又不致库存积压，现金流运转顺畅。可见，资源的优化配置是这一切得以实现的关键。该公司能够在竞争激烈的市场实现健康、快速发展，以订单为中心的策略和对资源的合理配置是关键，这些保障了该公司的合理利润，同时也是该公司持续发展的基础。

【资料来源：天极网，http://www.yesky.com/channels/119/2565119.shtml】

第四节　制度建设

制度是建立在对人不信任的假设上的，但企业用人必须建立在信任的基础上，用人莫疑，但制度一定要健全。

——佚名

企业是企业家通过建立一个有效的员工队伍和健全的管理制度来提供产品与服务，并利用它们不断提升企业品牌形象和企业信誉的组织机构。企业管理制度如同政府制定的法律法规，有着举足轻重的作用。

一、制度建设的一般性原则

（一）组织性原则
企业应以战略目标为导向，结合企业的内部环境，分析确定制度建设的基本思路，再通过对企业现状的调查，确定制度建设的框架。

（二）系统性原则
制度建设的首要目标是通过协调生产、销售、财务等各职能部门的战略活动，形成一个相互支撑的管理制度体系。因此，要有系统性的思维来建设企业制度，使企业各职能部门融洽相处，共同完成企业战略目标。

（三）简洁性原则

解释企业制度的文字应简洁清楚，不应该以烦琐的规范程序来约束企业员工，而应以软性制度，即企业文化来约束企业员工。

（四）特殊性原则

并不是所有的制度都是由企业建立的，有一些特殊制度是在企业内部自动生成的，例如庆功宴会制度、员工沟通制度。

（五）刚柔并济性原则

企业制度是规范员工行为的依据，因此建设时应该力求刚性，保证企业制度不能随意改变，否则企业制度会失去约束力。但是企业内外部环境会不断变化，一些制度会随着内外部环境的变化失去效力，这时制度应保持灵活性，从而使其具有较长的生命周期。

（六）以人为本的原则

企业制度建设的主体是人，规范客体也是人，其主要本质是提高人的积极性和创造性，因此企业制度建设必须坚持以人为本。

（七）可操作性原则

对于企业来说，制度建设是用来解决问题的，需要具备可操作性。例如，员工的考核奖惩和责任追究必须落实到每位员工的头上，不能只是一纸空文。

二、明确企业制度的层次与内容

企业管理类制度包括三个层次：其一是管理制度；其二是管理办法；其三是管理细则。一般来讲，企业运用的一系列制度文本都称为管理办法，它对企业某一具体的项目、事务的管理都作出了明确规定。

通过制度层次的划分，我们可以从总体上把握企业制度体系建设的结构框架，厘清孰重孰轻，并明晰相关负责人。这有利于扭转企业管理体系紊乱、分散化的局面。

企业制度的具体内容结合公司的实际状况可分为以下几种：

（1）工作制度。指企业规定各项工作的行为规范，以保证各项工作能够顺利开展，其主要包括人事管理制度、生产管理制度、财务管理制度、设备管理制度、采购管理制度、销售管理制度等。

（2）责任制度。指明确企业各级人员的职责与权力，一般有管理人员责任制度、岗位责任制度等。

（3）特殊制度。指不与企业业务流程直接相关的制度，其主要包括员工信息反馈制度、总结表彰会议制度等。

此外，企业制度还包含一些必备的附属资料，如组织结构图（确定管理层次和幅度等）、职务说明书、表格流程图（包含表格的填写、审批、存档单位等）、操作流程（描述机器使用程序）、员工绩效考核办法或细则等。

三、提高企业制度的规范性要求

（一）编制规范制度

制度的规范性体现在企业的管理思维一致、工作流程一致、文本格式一致等方面。只有有了统一的规范制度，企业才能统一全体员工的行为，形成统一的企业文化，为战略的成功实施奠定基础。

（二）制度设计过程要求规范

制度设计必须考虑到让员工积极地参与和执行这个制度，让员工的目标与企业的目标保持一致。只有这样，企业的制度设计才能规范，否则制度设计是很难达到预期结果的。

（三）与企业发展同步

企业发展到不同阶段，所需要的制度是不同的，但确定的一点是制度与企业发展必须同步。制度最讨厌的是不停地改变，无法形成一种约束力，但制度也不能僵化，要根据企业所处的不同阶段、所处的不同环境及时更新，使企业战略成功实施，帮助企业获得竞争优势。

案例 7－3

某公司薪酬制度建设

第一章　总　则

第一条　目的

为了充分发挥员工的积极性和创造性，鼓励员工长期地为公司的发展做出贡献，确保公司战略目标的实现，根据公司的实际情况，本着"以人为本"的原则，按照国家有关劳动人事管理政策和公司相关规章制度，现制定一套公平、公正、公开的薪酬制度。

第二条　指导思想

（1）按照各尽所能，按劳分配的原则，明确工资增长幅度与公司经济效益增长保持一致。

（2）将员工岗位责任、劳动绩效、劳动技能、工作年限等指标作为员工薪酬考核指标，薪酬适当向能力突出的优秀人才和责任重大、技术含量高的关键岗位倾斜。

（3）逐步建立和完善管理岗位与非管理岗位、技术岗位与非技术岗位、简单劳动与复杂劳动的层级薪酬体系，以及相应的激励机制。

第三条　范围

公司从业人员的薪酬管理，除国家法律法规或公司董事会另有文件规定外，均需依照本制度执行。

第二章　薪酬办法

第一条　薪酬构成及定义

员工的薪酬由基本工资、岗位工资和绩效工资构成。

（1）基本工资按照员工身份、学历、职称、工作年限确立。基本工资参照员工档案工资建立。档案关系不在公司的，参照同等水平人员确定基本工资额度。

（2）岗位工资按照职务高低、岗位责任繁简轻重确立。不同岗位的员工，岗位工资不同，但岗位工资标准会根据公司的运营和发展而变化。

（3）绩效工资按照上月各部门工作任务、经营指标、员工职责履行状况、工作绩效考核结果确立。

第二条　管理类人员岗位设置

（1）管理类人员定义：从事持续性的管理工作，可确保业务工作的有效开展，其工作的行为、表现及结果对公司的总体业绩有影响。

（2）管理类人员工作岗位设置如下：管理一岗（总经理）；管理二岗（副总经理）；管理三岗（部门主任）；管理四岗（部门副主任）；管理五岗（业务主管）；管理六岗（业务主办）；管理七岗（业务助理）。

（3）管理类一、二岗薪酬按照董事会相关规定执行。

（4）管理类三至七岗各岗位工资薪资级别分为（A、B、C、D）四档。

第三条　技术类人员岗位设置

（1）技术类人员定义：从事创造性的技术及业务工作，其工作直接影响公司关键目标的执行效果。

（2）技术类人员工作岗位设置如下：技术一岗（高级专业技术主管）；技术二岗（中级专业技术主管）；技术三岗（技术主管）；技术四岗（技术主办）；技术五岗（技术助理）；技术六岗（技术员）。

（3）技术类一至六岗各岗位工资薪资级别分为（A、B、C、D）四档。

第四条　绩效工资

（1）每月都由公司统一进行绩效考核，考评小组由公司总经理、副总经理、综合办公室主任、计划财务部主任组成。

（2）每月绩效基数由考评小组根据上月公司经营情况确定。

（3）绩效工资系数与员工岗位挂钩,同一岗位的绩效工资系数相同。

（4）绩效工资由公司根据考核结果按月统一下发至各部门,各部门可根据员工岗位职责履行情况进行二次分配。

【资料来源：艾秘书网，http://www.aimishu.com/Article/ShowArticle.asp？ArticleID=24368】

本章小结

本章主要介绍了战略实施过程中的组织结构调整、资源配置和制度建设。组织结构是组织中各种工作分工的总和，它应当服从企业的总体战略。组织结构跟随战略，同时又反作用于战略。企业资源是指组织用于战略行动的人力、物力、财力等的总和，资源的配置受到多种因素的影响，资源的合理配置是战略成功实施的物质保障。无规矩不成方圆，制度建设是现代企业管理的基石。战略实施过程中，企业活动涉及组织结构的调整、各类资源的重新配置、企业制度建设等多个方面和各个层面的变革，企业上下都将面临较为复杂的局面，整体学习和调整的任务趋于繁重。

CHAPTER 8

安东石油借力"360度评估反馈"打造人才战略

安东石油技术（集团）有限公司是一家在香港联交所主板上市的专业油田技术服务公司。其董事会主席罗林明白：企业的创新能力是企业可持续发展的基石，而创新能力提升的关键在于人才。因此，安东石油将"人才战略"视为公司的一项长期发展战略。

安东石油分管人力资源工作的执行副总裁李冰南决定借助"360度评估反馈系统"建立一套领导力发展体系。

北森测评是安东石油360度评估反馈体系的服务商，它为安东石油构建了领导力素质模型，作为360度评估反馈的一个基础体系。安东石油建立领导力素质模型的重点在于："领导力模型能够用一种简单的语言进行描述，便于管理者理解并应用于实际的工作中。"北森测评构建的领导力模型必须符合安东石油的战略目标及核心理念，能为目标的实现提供支持及帮助。

北森360度评估反馈系统极具灵活性，可以通过后台非常方便地统计分析各种反馈数据，并由系统自动生成相关的分析报告。同时，根据安东石油的实际情况，北森测评手动撰写了安东石油领导力的整体分析报告以及团队分析报告，并针对部分的关键人员，结合访谈的内容，撰写了更为详细的分析报告与提升计划。

360度评估反馈系统的目标是：提升安东石油管理层的领导力水平。北森测评在安东石油实施了"一对一辅导"，将访谈结果与360度评估反馈系统的数据结合，进行深度剖析，撰写了个人分析与提升报告；在与被评者进行"一对一辅导"的过程中，通过这种自我认知与他人评估结果之间的差异，来促进管理者的自我觉察，使领导力的提升成为一种自发的工作。

【资料来源：阿里巴巴生意经，http://baike.china.alibaba.com/doc/view-d5944147.html】

案例启示

战略评估是战略实施过程中的重要工具。上述案例中安东石油借助360度评估反馈系统打造人才战略。企业战略管理中的一个基本矛盾是既定战略同变化着的环境之间的矛盾，因此企业战略的实施结果有时并不一定与预先设定的战略目标相一致，这时战略评估和控制就显得尤为重要。本章介绍战略评估和战略控制，希望本章内容能给读者以启示。

第一节　战略评估

除非战略评估被认真地和系统地实施，也除非战略制定者决意致力于取得好的经营成果，否则一切精力将被用于为昨天辩护。没有人会有时间和精力开拓今天，更不用说去创造明天。

——彼得·德鲁克

一、战略评估的内涵

战略评估主要是指评估企业生产经营计划的执行情况，监控企业内外部环境的变化，考察企业的战略基础，以保证企业可以快速应对环境的变化，防范风险的发生。战略评估包括以下三项基本活动。

（一）考察企业战略基础

企业的战略是在对内外部环境分析的基础上作出的选择，而战略基础则是对企业内外部环境的界定。如果战略基础发生了变化，那么在原有战略基础上做出的企业战略就会失去有效性。因此，战略评估最大的特征是对企业内外部环境的监控，以确定企业战略基础是否发生变化。如果发生变化，应及时采取合理的应对措施。

（二）比较预期业绩与实际业绩

企业比较预期业绩与实际业绩的差异，可以解决两个方面的问题：一是战略实施的实际业绩如何，是否发生偏差；二是发现战略基础发生变化造成的影响，如果战略实施无误但企业业绩不佳，就应当反思企业战略的正确性和适应性。

（三）分析偏差的原因及采取对策

这一部分属于战略控制的内容，其工作重点在于判断偏差产生的原因：是执行力不够，或是原有战略方案存在问题，还是环境变化使企业原先的战略无效。只有对上述问题进行正确的分析判断，企业才能对症下药。

二、战略评估的准则

战略评估是一项极具"个性"的管理工作。虽然在评估的过程中，企业需要具体情况具体分析，但具有一个可指导评估工作的准则仍是必要的。

英国战略学家理查德·鲁梅尔特提出了战略评估的四个标准：一致性、协调性、优越性和可行性。这四个标准中，"协调性"与"优越性"用于评估外部环境，主要检查企业的战略基础是否正确；而"一致性"与"可行性"用于评估内部环境，主要检查战略实施过程中的问题。

这四个标准的具体内容如图 8-1 所示。

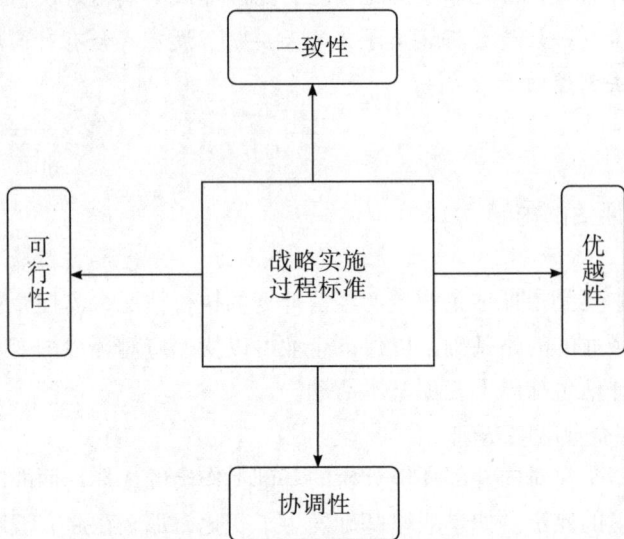

图 8-1　战略实施过程标准

1. 一致性

企业的战略方案不应该出现不一致的目标和政策，否则会引起组织部门之间的冲突，导致企业管理出现紊乱。企业战略是否存在不一致的问题，可以依据以下三条准则进行判断：

（1）尽管企业变换了员工，但问题依然存在，这就说明这个问题是因事引起的，而不是因人引起的，这意味着可能存在战略方案不一致的问题。

（2）如果企业各部门之间不能同时成功，或者说一个部门的成功意味着另一个部门的失败，这意味着可能存在战略方案不一致的问题。

（3）如果企业发生的问题需要高层领导者解决，这意味着可能存在战略方案不一致的问题。

2. 可行性

企业制定的战略应该做到既不浪费内部资源，也不会派生出无法解决的问题。战略是否可以实施是战略是否成功的最终检验，即战略是否可以依靠企业内部的人力、财力、物力得以实施。企业各职能部门的战略实施都离不开财力，财力是其最重要的制约因素，并且容易量化，因此衡量企业财力可以很大程度上判断企业战略的可行性。

3. 协调性

协调性是指企业评估战略时既要考察单个因素的发展趋势，也要考察多个因素的组合趋势。企业制定战略最大的难题在于，企业外部趋势不是由单一因素推动的，而是多个因素共同推动的，对此必须综合考察以确定企业内部因素与之匹配。

4. 优越性

企业制定的战略必须能使其在经营范围内保持持续竞争优势。一般而言，企业的竞争优势源自三个方面的优越性：企业资源的优越、企业技能的优越、企业位势的优越。对资源的合理配置可以获得资源的优越，对技能的不断改进可以获得技能的优越，处于良好的位势可以获得位势的优越。良好的位势是指处于该位势的企业可以获得战略优势，而不处于该位势的企业不能受益于同样的战略。在评价企业战略时应与其所在位势相联系，综合考察。

案例 8 - 1

某海产养殖企业对战略评估标准的应用

表 8 - 1　鲁梅尔特的战略评估

鲁梅尔特的战略评价标准	公司的战略评估
一致性	内部： 　　因为国家现在对海产养殖业大力支持，所以企业选择了增长型战略，这与国家政策相吻合 　　企业下属的养殖基地和海珍繁育场是两个独立核算的事业部，在组织结构上不存在冲突 　　企业组织结构严明，岗位明确，员工恪守其职，部门之间不存在冲突。因此企业战略具有一致性
可行性	内部： 　　企业拥有中高级技术人员 12 人，中级职称科技人员 45 名，初级职称科技人员 86 名，另聘请了 8 名著名水产专家为技术顾问，与暨南大学、广东海洋大学等科研院所建立了长期的技术合作关系；企业的海珍品繁养技术和产品质量均居国内领先水平；企业自成立以来，效益逐年增长，发展稳定。因此其发展战略是具有可行性的

（续上表）

鲁梅尔特的 战略评价标准	公司的战略评估
协调性	外部： 　　企业利用外部机会实施增长型战略。为了避开行业竞争带来的威胁，企业又实施了多元化战略来分散风险。企业的内部优势与外部机会相匹配，具有协调性
优越性	外部： 　　企业的养殖基地和海珍繁育场生产的大部分水产产品均处于国际、国内领先水平，海珍种苗畅销我国沿海省份，并出口东南亚各国；海珍产品出口欧盟、美国、日本。与竞争对手相比，企业具有较强的优越性和较强的竞争力。因此，企业战略实施具有优越性

【资料来源：茂名市金阳热带海珍养殖有限公司官网，http://www.jy668.com.cn/class.php?id=1】

三、战略评估方法

战略目标是企业评估战略的标准，企业进行战略管理的最终追求应作为评估指标。每个企业都是为了追逐利润而存在的，因此，企业价值最大化是企业最根本的追求。所以，战略评估应以企业价值评估为基石，将企业价值最大化作为基本的评判准则。

（一）战略评估方法之一

战略评估的第一步是根据企业的战略目标确定战略评价指标。这些评价指标既可以是定量的，也可以是定性的。但确定的一点是，针对不同的企业和不同的目标，应采取不同的评价指标。

1. 公司经营业绩的评价指标

（1）投资收益率。企业常用投资收益率衡量经营业绩，它能全面反映企业的经营活动状况。

$$投资收益率 = \frac{税前收入}{总资产} \times 100\%$$

（2）附加价值指标。企业常用附加价值来表示产品新增价值。其不仅可以衡量企业的经营业绩，也是反映企业对社会所做贡献的直接指标。

$$附加价值 = 销售收入 - 原材料成本 - 外购部件成本$$

$$附加价值收益率 = \frac{税前净利}{附加价值} \times 100\%$$

（3）股东价值。企业常用股东价值衡量企业的利润增长率是否超过股东的期望。

$$股东价值 = 股利 + 股价增值$$

（4）高层管理者的评价指标。高层管理者的评价指标既包含定量指标，又包含定性指标。定量指标包括投资利润率、每股盈利、股东价值等；定性指标包括是否建立了合理的长远目标和短期目标、是否创建了良好战略、是否和其他员工密切合作等。

（5）关键表现域指标。关键表现域指标是指对企业战略的成功有着重大作用的因素，例如：企业获利能力、市场地位、生产率、产品领先、人才培养、员工态度、社会责任、长短期目标的平衡等。

2. 事业部和职能部门经营业绩的评价指标

如果企业只有一个事业部，那么企业和事业部的评价指标是相同的。即使企业具有多个事业部，评价指标也可以是相同的，例如投资收益率、股东价值、附加价值等。但是对于职能部门，评价指标是不同的，企业可以建立责任中心，单独对其进行评价。

（二）战略评估方法之二

平衡计分卡法，简称 BSC，是企业衡量绩效的一种方式。它主要有四个指标：顾客指标、财务指标、内部流程指标、学习与成长指标。这四个指标不仅覆盖企业内部指标和外部指标、企业财务指标和非财务指标，而且覆盖短期目标和长期目标。这四个指标紧密联系，构建了一个可以考核企业的评价模型，如图 8－2 所示。

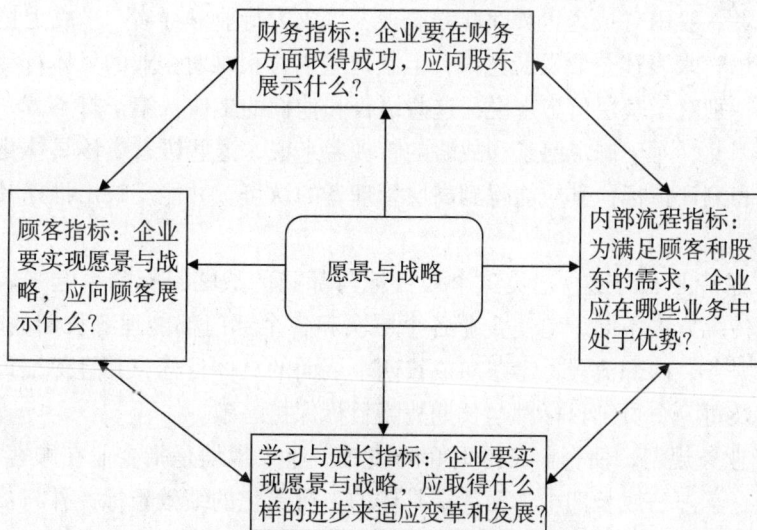

图 8－2　平衡计分卡模型

1. 顾客指标

其主要衡量顾客是如何看待企业的，即企业为顾客提供的服务水平如何。主要的衡量指标包括市场份额、顾客满意度、顾客流失率、顾客获得率等。

2. 财务指标

其主要衡量股东是如何看待企业的，即企业的获利性如何。主要衡量指标有投资收益率、销售利润率、资产负债率、存货周转率等。

3. 内部流程指标

其主要衡量企业应有的优势是什么，即企业寻找与顾客满意度和股东满意度密切相关的内部流程，并为此建立衡量指标，例如：产品合格率、设备利用率等。其主要目的是优化企业内部流程，提升顾客满意度和股东满意度。

4. 学习与成长指标

其主要衡量企业能否持续创造价值，即企业为了未来发展必须进行的投资，例如：引进高科技人才、建立信息化系统、为员工创造学习环境等。

平衡计分卡法将上述四个指标进行综合分析，进而获得对企业的总体评价。在利用平衡计分卡法评价企业总体绩效的过程中，战略应被放在核心地位。平衡计分卡法不仅可以弥补财务指标的不足，而且可以把企业的战略细分到每一个具体的部门中，将企业的战略目标转化为每一个部门的实际行动。平衡计分卡法作为战略评估方法，可以渗透到企业生产经营的每一个环节。

平衡计分卡法通过四个步骤将长期的战略目标与短期的行动联结起来，这四个步骤既可以单独起作用，也可以共同发挥作用。其步骤如下：

（1）描述愿景，使企业内部所有员工就组织的使命和战略达成共识。企业高层管理者一般用"成为世界500强企业""成为行业领导者""成为技术先进企业"等语言来表述企业发展愿景，但是这些语言很难对企业的具体行动提供明确指导。特别对于基层员工来说，这些语言和他们的工作八竿子打不着，无法建立联系。因此，对于制定愿景和战略的管理者来说，这些语言应该具体化为系统性的目标和测评指标，其应能得到高层管理者的认可，并能反映出推动其成功的原因。

（2）保持上下沟通，把员工个人目标与部门的战略目标联系起来。平衡计分卡法与传统方法不同，它使企业各个层次和各个部门都能理解长期战略目标，即顾客、财务、内部流程、学习与成长四个层面的具体目标，并且保证每一个部门目标以及每一个员工目标都与长期战略目标保持一致。

（3）业务规划，使企业获得更好的绩效。业务规划是指企业在顾客、财务、内部流程、学习与成长四个方面界定具体的、可量化的绩效指标，并将员工的报酬与平衡计分卡的绩效考核结果挂钩，使员工在报酬方面拉开差距，以激励员工在未来取得更好的绩效考核结果。

（4）反馈与学习。这一个步骤赋予公司进行战略性学习的能力。在与员工充分沟通的基础上，企业不断修正平衡记分卡的考核指标，并且在必要时调整企业的战略目标。

通过以上四个步骤，企业将长期战略目标和短期行动联系起来，一个完整的战略管理体系得以建立。

案例 8－2

某邮政企业平衡计分卡绩效考核体系

1. 引入平衡计分卡的基本程序

（1）说明愿景与战略。

该邮政企业利用平衡记分卡模型建立企业内部绩效考核体系，以企业愿景为基石，确定企业具体的战略发展目标，并在企业内部达成一致。

（2）沟通与交流。

该邮政企业的总经理携手区域经理一同向员工阐述企业愿景和战略目标，确保一致性的达成。同时，该邮政企业建立顾客、财务、内部流程、学习与成长四个方面的具体目标。因地制宜，不同的分公司采用不同的标准。

（3）业务规划。

该邮政企业在顾客、财务、内部流程、学习与成长四个方面界定具体的、可量化的绩效指标，并将员工的报酬与平衡计分卡的绩效考核结果挂钩，使员工的报酬差异化，以此激励员工。

（4）反馈与学习。

根据员工处的反馈不断修正考核指标，并相应调整公司的战略目标。

2. 平衡计分卡绩效考核指标的设计

该邮政企业的战略目标：成为国内一流的邮政通信企业。

顾客指标：顾客增长率、顾客满意度、顾客投诉量、顾客流失率。

财务指标：企业利润、企业销售增长率、企业现金流、企业计划收入完成率。

内部流程指标：企业无故障运行时间、企业整改时间、内部信息沟通频率。

学习与成长指标：员工每年培训次数、员工流动率、员工满意度。

【资料来源：白宏利. 平衡计分卡在邮政企业绩效考核中的应用 ［J］. 北方经济，2006（18）：77－78】

第二节　战略控制

目标可以被比作轮船航行中使用的罗盘。罗盘是可以信赖的，但在实际航行中，轮船仍然可能偏离航线很多英里。

——彼得·德鲁克

一、战略控制的内涵

战略控制主要是指将战略预期结果与战略实际结果进行比较，检查偏差程度，分析偏差原因，纠正偏差，使企业战略与企业环境保持匹配的动态调节过程。战略控制的主要目的是保证原先的战略方案正确实施；检查、修订、调整原先的战略方案。

战略控制的必要性源于企业制定的战略常常失效，其失效的原因是战略与环境不再匹配。战略管理中存在非常多的矛盾，其中最基本的矛盾就是在环境分析的基础上制定的战略是静态的，而战略实施过程中的环境是动态的，两者之间很难存在一致性。这个基本矛盾导致了企业战略实施的实际结果与战略的预期结果常常不吻合，产生偏差。

一般而言，以下三个方面会导致了企业战略实际结果与预期结果之间出现偏差：

（1）制定战略时企业所依据的内外部环境都发生了变化。企业的外部环境出现了新机会或威胁，企业的内部环境出现了变化，这些导致原先制定的企业战略与新的内外部环境不相匹配。

（2）战略实施的过程中会受到很多主、客观因素的影响，例如员工沟通不畅、领导玩忽职守、信息反馈受阻等。这些主、客观因素会导致战略实施偏离原先计划的轨道，无法达到预期目标。

（3）战略本身存在问题，企业制定的战略存在重大缺陷，在实施过程中无法执行，需要重新修订。

为了使战略实施的实际效果与预期效果相符合，使企业的战略实施与内外部环境、企业目标协调一致，就必须对在战略实施过程中出现的偏差进行分析，并纠正偏差。

二、战略控制过程

战略控制过程如图 8 – 3 所示。

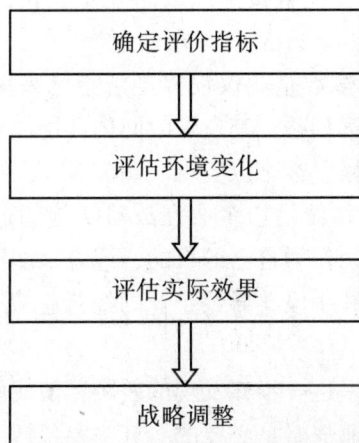

```
确定评价指标
    ↓
评估环境变化
    ↓
评估实际效果
    ↓
战略调整
```

图 8 – 3　战略控制过程

（一）确定评价指标

设定战略评价指标是企业进行战略控制的第一步。这些评价指标既可以是定量的，也可以是定性的。无论采用何种指标，都必须与企业自身的发展历程进行纵向比较，与行业竞争对手进行横向比较。

（二）评估环境变化

今天成功的战略，明天不一定会成功，随着环境的改变，战略要作相应的调整。企业为了明确是否需要重新制定战略，必须评估环境变化。为了评估环境变化，企业需要回答下列问题：

（1）企业原先的优势是否发生改变？
（2）企业是否出现了新的优势？如果出现了，具体优势是什么？
（3）企业原先的劣势是否发生改变？
（4）企业是否出现了新的劣势？如果出现了，具体劣势是什么？
（5）企业原先的机会是否发生改变？
（6）企业是否出现了新的机会？如果出现了，具体机会是什么？
（7）企业原先的威胁是否发生改变？
（8）企业是否出现了新的威胁？如果出现了，具体威胁是什么？

（三）评估实际效果

通过确定评价指标和评估环境变化，将企业战略的实际业绩与战略计划进行对比，确定存在的差距，寻找形成差距的原因，进而缩小差距。以下是形成差距的主要原因：

（1）环境变化。环境变化直接导致战略发生变化，这是影响实际业绩的重要原因。

（2）短期化行为。大多数企业仅仅以经济指标来衡量企业的实际业绩，只看到眼前利益，忽视了长远利益，其在短时间内会增加利润，却丧失了长期发展的潜力，使企业的长远战略目标难以实现。

（3）目标移位。目标移位是指企业在战略实施的过程中变更了目的，把帮助战略目标实现的经营活动作为自己的目的，或者未能实现所要达到的目的，从而混淆了企业战略的目的和手段，导致企业的经营业绩下降。

（四）战略调整

为了缩小评估实际效果这一步骤发现的差距，使战略实际业绩与战略预期结果相吻合，适当地调整企业战略是必要的。其主要包括四种方法：常规的战略变化，是指战略在正常变化，例如改变广告形式、增加促销活动等；有限的战略变化，例如向新市场推出新产品；彻底的战略变化，是指企业的战略和组织结构进行了重新组合，例如企业兼并、企业发生危机；企业转向，即改变自己的经营方向，例如进入一个新行业。

三、战略控制类型和方法

（一）控制对象

战略控制按照控制的对象，分为行为控制和产出控制。行为控制是指企业直接对员工的经营活动进行控制；产出控制是指企业对经营活动结果进行控制。其主要的控制方法是：预算，用来表示企业经营活动的预期结果；审计，检查经营活动的实际结果与预期结果的偏差，并报告上层管理者；现场观察，管理者深入工作现场进行检查，若发现问题则直接纠正。

（二）控制时间

按照控制时间来划分，企业的战略控制有以下三种：

（1）事前控制。是指企业还未实施战略之前预测可能发生的偏差，然后纠正偏差的调节过程。事前进行的控制，在实际战略实施时不一定会发生，只是预测其会发生。因此，事前控制花费的成本比其他控制方法高，一般用于重大问题，例如签订金额巨大的合同、购买贵重设备等。事前控制最主要的内容是对可能发生的偏差进行预测，确定预测因素。这种预测不是妄想，是根据以前的经验和实际情况的分析确定预测因素。一般而言，预测因素主要有三种类型：投入因素，企业实施战略需要投入的各种因素，例如员工、原材料、资金等；早期的成果因素，即企业以前实施战略的结果，通过以前的结果预测未来；内外部环境因素，通过对内外部环境变化的预测，实施控制措施。

（2）事中控制。是指企业在战略实施过程中随时进行控制。当进行控制时，这种偏差已经产生，但造成的损失可以挽回一部分。企业管理者在生产经营活动中发现偏差，应随时进行纠正，保证企业的战略方向在正确的轨道上。这种控制方法主要针对关键性的战略行动。

（3）事后控制。是指企业在生产经营活动之后进行控制。当进行控制时，这种偏差已经产生，造成的损失无法挽回。采取这种控制方法的企业一般内部具有明确的战略标准。在生产经营过程中，各职能部门员工将战略实施的实际结果与战略标准进行比较，发现存在的偏差，然后向上层管理者汇报，由管理者决定是否纠正偏差，以及采取什么措施。事后控制主要有两种实现形式：联系行为，战略控制与员工的工作行为直接密切相关；目标导向，员工参与战略控制标准的制定，清楚了解战略目标。

企业应当注意的是，这三种战略控制方法在战略实施过程中起到的作用不同，应结合实际情况选用适合的方法。

（三）控制主体的状态

根据控制主体状态的不同，战略控制又可分为如下四类：

（1）避免型控制。是指在战略实施过程中，预测战略行动的结果，并将预测结果与期望结果进行比较，发现偏差，提前纠正偏差的控制方法。与事前控制一致。

（2）开关型控制。是指在战略实施过程中，按照预先设定的战略标准检查战略、发现偏差、及时纠正的控制方法。与事中控制一致。

（3）诊断型控制。是指在战略实施过程中，将战略的实际结果与期望结果进行比较，发现偏差，纠正偏差的控制方法。与事后控制一致。

（4）互动型控制。是指介于开关型控制与诊断型控制中的一种控制方法。企业管理者根据内外部环境的变化，结合战略实施情况进行控制。

（四）控制内容

从控制的内容来看，战略控制可分为以下五类：

（1）财务控制。注重控制各职能部门的资金流动，避免产生战略风险，用途比较广泛。

（2）生产控制。主要是指对产品各方面进行控制，例如品种、质量、数量、交货速度、售后服务等。

（3）销售规模控制。注重控制企业的销售规模，销售规模太大，占用较多资金；销售规模太小，则无法形成规模经济。

（4）质量控制。注重对企业产品和工作质量的控制。其中工作质量的控制不仅包含生产工作的质量，而且包含非生产工作的质量，例如产品设计工作、产品促销工作等。质量控制最重要的是形成全员质量观念，每位员工都视质量为控制核心。

（5）成本控制。注重对企业各种费用的控制，无论是有形费用，如采购、生产、销售等，还是无形费用，如时间、速度等。通过对企业各种费用的控制，达到降低成本的目的，最终提高企业利润。成本控制最重要的是各职能部门形成统一观念：节省费用，降低成本。

案例 8 - 3

某企业的战略控制

某企业的战略控制帮助其在一日千里的市场发展中，制定新的战略发展目标，以求最终能够创造更大的整体价值和整体竞争优势。

金融危机下，该企业实施了以下战略控制的措施：投入巨额资金用于技术开发，提升企业核心竞争力；下放决策权，让听得见炮声的人来决策；在全球范围内寻找合作伙伴，拓宽市场。

该企业的做法虽然不具有普遍性，但其独特的一面仍值得思考和借鉴。对于所有企业而言，可以遵循以下三个步骤化危为机。

（1）识别危机：识别影响企业的外部直接因素和间接因素，直接因素是产业环境因素，间接因素是一般环境因素。选择关键的且不确定的环境因素进行情景规划。

（2）评价危机：通过分析间接因素对直接因素的影响，判断直接因素发生的趋势及概率，评价直接因素的变化趋势。

（3）应对危机：根据各直接因素的发生概率和战略重要性，因时制宜，制定符合实际情况的战略举措，从而有效地化解危机。

根据不同情景制定不同的战略：依据战略上重要而且发生概率大的直接因素的变化趋势，制订基本战略方案。依据战略上重要但发生可能性不大的直接因素的变化趋势，制订备用战略方案。对于战略上不重要的因素，无论发生概率是大还是小，都不予考虑。

【资料来源：百度文库，http://wenku.baidu.com/view/0ee5db3c580216fc700afd6e.html】

★ 本章小结

　　本章着重介绍了战略评估的方法和战略控制的手段。当企业的外部及内部环境发生变化时，制定和实施再好的战略也可能失效。同时，在战略实施的过程中若执行者执行不到位，也可能导致战略执行的变形。因此，对战略的实施进行系统化的检查、评估和控制是战略制定者的一项主要工作，因而战略评估与控制也是战略管理的重要一环。战略实施的评估和控制主要是在战略实施过程中评价战略实施的绩效，将所取得的绩效与预期效果相比较，分析产生偏差的原因，纠正偏差。

第九章　战略管理发展的新趋势

CHAPTER 9

华为的全球化战略

华为被看作中国本土企业自主创新和全球化运营的最佳典范。

海外市场销售额成为其主要的销售收入来源。目前，华为已经初步成长为一家全球化公司，华为的分支机构遍布全球，同时还设立了研究所、培训中心，产品和解决方案在许多地区都得到应用。

华为所在的通信设备产业竞争激烈，长期被国际"寡头"们垄断市场，这加大了华为与跨国公司同台竞争的难度。华为的业务涵盖了移动、宽带、IP、光网络、电信增值业务和终端等众多领域，它几乎要在每一个细分市场领域内与不同优势的跨国公司展开正面竞争。然而，华为借助其知识产权，掌握先发优势，满足了客户的多样化需求。

任正非是华为的创始人，是"中国最具影响力的商界领袖"之一，他成了中国企业家的楷模，而"华为模式"也成为中国企业效仿的样板。

【资料来源：品牌世家网，http://info.ppsj.com.cn/art/1598/hwdqqhzljctk/】

案例启示

本案例介绍了华为的全球化战略。任正非对中国企业在国外的运营有其独到的认识，使之超越了"中学为体、西学为用"的传统思维方式；在"独立自主"发展模式的背后，任正非的全球视野使华为构建起"以全球应对全球"的竞争格局。国际化、弹性化、动态化和网络化已经是战略管理发展中不可避免的趋势。

第一节　国际化

进行全球化的企业家、各位前辈、各位同行，今天非常残酷，明天更残酷，后天很美好，但是绝大部分人死在明天晚上。

——马云（阿里巴巴创始人之一）

一、企业经营的国际化

国际贸易的日益增多，渐渐削弱了行业之间的界限，甚至是国家之间的界限。企业竞争不仅仅局限于在一个行业内争夺市场份额，或者在一个国家内成为垄断企业，而更多的是在全球范围内争夺市场份额，提高全球竞争力，成为世界性的大企业。因此，企业不再只从特定的行业，或者特定的国家去考虑资源配置，而是在全球范围内进行原材料、资金、研发人员、生产制造、市场营销等方面的合理配置，以获得最佳竞争地位和最大利润。

企业的管理不再受限于单一国家或城市，这为国际资本在全球寻找超额利润的标的和跨国公司的全球化布局提供了便利和管理的可行性。在世界经济活动中，国家之间的互动日益增多，越来越多的企业积极地开拓海外业务或在海外设立据点。因此，国际化战略对于企业战略管理的重要性逐渐增强，向海外市场延伸已经在大中型企业战略管理中占据重要地位。

二、国际化战略的价值

国际化战略往往通过纵向一体化、水平一体化、企业多元化、战略联盟、兼并和收购方式来表现。任何战略实现其价值的途径都是一样的：企业开发外部机会或者消除外部威胁，利用自己的优势或者避开自己的劣势，建立起自己的竞争优势。国际化战略的价值主要表现在以下五个方面：

（1）为现有产品或服务提供市场。市场上销售的产品或服务在国内可能已经达到饱和状态，或者不再受国内消费者的欢迎，如果国外市场的客户愿意且能够购买该产品或者服务，将直接增加公司的收益。

（2）降低生产成本。低劳动力成本、低原材料价格或者新技术都可以降低公司产品或服务的成本。除此之外，面向全球销售的企业还可以通过学习效应实现更大的成本节省。

（3）发展新的核心竞争力。经营海外市场，企业可以更好地了解其核心竞争力。通过在国际经营中学习，企业可以进一步完善其竞争力，同时发展新的竞争力。

（4）降低企业经营风险。实行国际化战略的企业大都是多元化企业，在海外多元化的投资可以降低公司的经营风险。

（5）实现区位经济。区位经济就是指在最适合的地区进行价值创造活动所获得的经济利益。

三、国际化战略的类型

国际化的企业往往在多个国家都有业务，这就需要明确这些业务之间的关系。以全球整合的需求为纵坐标，以本土迅速反应的需求为横坐标，将国际化战略分为三种：全球化战略、跨国战略和本土化战略，如图9－1所示。

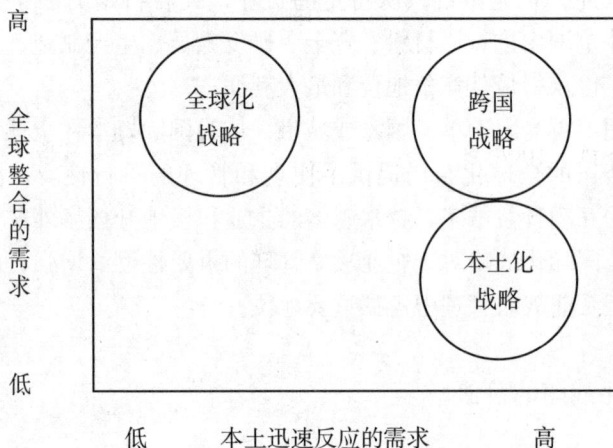

图9－1　国际化战略的类型

（1）全球化战略。它认为不同国家销售的产品更趋于标准化，竞争战略更加集中，且由总部确定不同国家战略业务单位的竞争战略。

（2）跨国战略。它需要在全球化的效率与本土化的迅捷反应之间实现一种协调。具体做法是，当企业在一个国家经营开发的特定产品，能够满足当地顾客的需求，而且能在其他国家打开销路时，企业就成为该产品全球经营的供应商了。

（3）本土化战略。它是指将战略和决策权分配到各个国家的战略业务单元，由这些单元根据当地市场需求，因地制宜地提供本土化的产品或服务。

四、国际化战略的风险

采用国际化战略的企业在获得经济价值的同时，也面临着风险。除了执行风险之外，还存在着币值波动的风险和政治风险等。

（1）币值波动的风险。币值波动对企业在国际化投资过程中有巨大的影响。这种波动本身可以使未来盈利的投资变成失败的投资，也可以使失败的投资变成获利的投资。

（2）政治风险。政治环境是所有决策者都需要考虑的首要问题。政治方面游戏规则的变化可能减少或者增加环境对企业造成的影响，进而改变企业资源的价值。

案例9-1

中兴通讯的国际化之路

回顾中兴通讯的国际化历程，大致可以分为以下几个阶段：

（1）1995年至1997年，确立进军国际市场，出口产品结构单一，属于国际市场铺垫尝试阶段。1996年，中兴通讯将产品出口到东南亚各国。1996年底，中兴参加了中东某国全国电信改扩建工程的投标，在70多家国际公司的角逐中，中兴通讯获得了高度关注，这是中国高科技通信企业第一次参与国际竞争。中兴通过参加国际电信展、参与国际竞标，初步熟悉了国际市场的规则。中兴以发展中国家为突破口，开始其国际市场的进军之路。

（2）1998年到2001年，开始大规模承包电信工程，多元化产品进入国际市场。1998年3月，中兴通讯中标孟加拉国通讯工程项目，这是我国民族通信企业通过国际竞标获得的第一个工程总承包项目。1998年10月，中兴再次获得了巴基斯坦的一个高额工程项目，是中国高科技企业通过国际竞争获得的第一个大规模海外电信工程全国性总承包项目。在这一阶段，中兴通讯在美国、中国香港等发达国家和地区得到了发展，拓展了其多元化产品的市场，不断推进国际市场的深度布局。

（3）2002年至今，中兴通讯国际化战略开始在市场、人才、技术、资本等四个方面全方位推进，全力拓展海外市场。全面国际化指的是在市场国际化不断深化的同时，中兴通讯的发展重心将由以国内市场为主，转为国内、国际市场并重。

【资料来源：中兴通讯股份有限公司. 中兴通讯的国际化之路 [J]. 世界电信，2005（5）：48-49】

第二节　弹性化及动态化

新经济时代，不是大鱼吃小鱼，而是快鱼吃慢鱼。

——约翰·钱伯斯（思科总裁）

随着全球化、信息化、知识化的来临，企业无法预测处在时刻变化中的外部环境。在这种情况下，企业的战略必须保持与外部环境的同步性，才不至于失去有效性。战略的有效性要求企业具有快速的反应能力，而这种快速反应能力要依赖企业的战略弹性化和战略动态化。

一、战略弹性化

企业的战略弹性是指企业自身的资源和能力对不断变化的环境具有快速反应的能力。一般而言，战略弹性包括六种弹性：资源弹性、能力弹性、组织弹性、文化弹性、技术弹性、生产弹性。由于这六种弹性源于企业内部的知识和能力，因此，企业内部知识的数量、质量和结构是其核心内容。企业一旦拥有了战略弹性，其内部的整个协调系统就确定了，竞争对手效仿成功的可能性就会变得非常小，形成企业独具一格的竞争优势。

中国本土企业所处的环境不断变化，只有其拥有了战略弹性，才能进一步发展成为全球化企业。为了增强企业本身的战略弹性，可以实施以下几方面的措施：

（1）企业资源中知识资源是不易被竞争对手获取的，是用来增加企业价值和增强发展潜力的资源，也是资源弹性的重要内容。因此，企业可以通过积累知识资源来增强资源弹性。

（2）企业所具备的管理能力是不易被竞争对手模仿的，是企业发展的基础，更是能力弹性的重要内容。因此，管理者应加强学习，扩充知识量，提高经营管理水平，实现增强能力弹性的目的。

（3）依靠先进的信息技术和网络技术，企业的组织结构趋于扁平化、网络化、虚拟化，即减少组织层次，增加管理幅度，以增强组织弹性。

（4）企业文化是全体员工共同价值理念的体现，可以调节全体员工的行为，促进知识共享。企业可以通过建立"鼓励创新、宽容失败"的文化，以增强文化弹性。

（5）企业应做好市场调查、技术分析，选择与企业战略高度一致的技术开发路径，以增强技术弹性。

（6）依靠先进的制造技术，提高制造系统的弹性，以增强生产弹性。

案例 9 - 2

猎豹和羚羊的家教

每天，当太阳刚超出地平线的时候，撒哈拉沙漠上的动物们就开始奔跑了。

尽管猎豹是世界上跑得最快的动物，可猎豹的妈妈还是不断地教育自己的孩子："孩子，你必须跑得更快一些，你要是跑不过最慢的羚羊，你就会被活活地饿死。"在另外一个场地上，羚羊妈妈也在教育自己的孩子："孩子，你必须跑得再快一点，再快一点，你若跑不过猎豹，就会被吃掉。"

现实市场经济中的企业无不像沙漠中的动物们，每天都在竞争。若某家企业稍有迟疑，就很有可能被别的竞争对手甩在后边。谁抓住了速度，谁就走在了时代的前端，就抓住了未来。

现在的世界 500 强中，有多少是基业长青的？中国那么多企业有几家是百年老店？就连比尔·盖茨都说微软离破产永远只有 18 个月。在这个快节奏的时代，快就是制胜的秘方。

【资料来源：百度文库，http://wenku.baidu.com/view/81948bc08bd63186bcebbc52.html】

二、战略动态化（新 7S 理论）

（一）新 7S 理论的基本内涵

美国管理大师达·维尼在研究竞争环境变化过程中短期优势和长期优势的关系时，提出了"超强竞争理论"。达·维尼认为，超强竞争环境是一种优势迅速崛起并迅速消失的环境，任何一家企业处在这样的环境中都不可能建立永恒的竞争优势（因为企业的每次互动都会改变竞争的本质）。因此，企业必须结合竞争对手的优、劣势采取一连串有效的行动和战略，以期获得一系列短暂的竞争优势。在这样的环境下，所有的战略目标都将会打破现状和现有的规则制度，而不是建立一种稳定或者平衡的状态。

在以上分析的基础上，达·维尼提出，新 7S 理论模式是通过破坏市场环境，发现环境中存在的机会，来建立起短暂的竞争优势，以保持企业的快速反应能力和竞争力。新 7S 理论强调要达到以下四个主要目标：一是破坏现状；二是创造短暂的优势；三是掌握先机；四是保持优势。

（二）新 7S 理论的经营思维架构

新 7S 理论作为一种动态战略分析框架，旨在抓住市场的主动权。这里的"7S"指的是：

（1）更高的股东满意度（Stakeholder satisfaction）。这里的"股东"所包含的范围极其广泛，包括过去企业最重视的股东、市场导向管理中迅速得到重视的顾客以及近几年人本管理中得到重视的员工。

（2）战略预测（Strategic soothsaying）。企业要提供令顾客满意的产品或服务，就必须进行战略预测。掌握了未来市场和技术的发展趋势，企业才能发掘新的竞争优势，从而率先创造出新的机会。

（3）速度（Speed）。在如今超强竞争的环境下，决定企业成功的关键在于创造出一系列短暂的优势，因此迅速转移优势的能力对于企业来说有着至关重要的作用。因为速度使公司能够捕捉需求、设法破坏现状、瓦解竞争对手的优势，以着人先鞭。

（4）出其不意（Surprise）。对企业管理者来说，其主要任务是探索能带来价值增值的创新道路，并对现有的业务尽可能少地进行干预控制。

（5）改变竞争规则（Shifting the rules against the competition）。改变竞争规则可以打破产业中惯有的价值观念和思维模式，在市场竞争中邯郸学步通常会让企业发展止步不前甚至倒退。

（6）宣示战略意图（Signaling strategic intent）。向公众及行业竞争对手公布你的战略意图和将要采取的行动，有助于告诫竞争对手，不要肆意侵犯你的市场领域；同时，还可以在顾客中有效地形成"占位效应"，即有购买意愿的顾客会购买企业在正式推出之前就公布的产品，而不去购买市场上已有的其他公司的同类产品。

（7）发起持续不断的战略攻击（Simultaneous and sequential strategic thrusts）。仅拥有静态能力或优质资源是不够的，采取有效的措施运用这些资源才是公司战略成功的关键。这就要求企业合理运用知识和能力，以一连串的行动夺取胜利，并能迅捷地将优势运用于其他市场。

新 7S 理论强调的是企业能否打破现状、抓住主动权和建立一系列短暂的优势。其中前两个 S，即更高的股东满意度和战略预测，意在建立一种愿景，打破市场现状。那么，企业应确立目标、制定打破现状的战略、挖掘打破某一市场所必需的核心能力。接下来的两个 S 是速度和出其不意，这要求企业关注多项关键能力，将其作为所要采取行动的基石，以期打破现状。最后三个 S 即改变竞争规则、宣示战略意图和发起持续不断的战略攻击，这是指企业在超强竞争环境中应该采取打破市场现状的战术和行动。

新 7S 理论是以破坏性的快速制胜方式来表现的，它分为三个部分：

（1）"破坏的远见"。在超强竞争环境下，企业必须不断地打破市场现状，追求出奇制胜，占据有利地位。这就要求企业以创造更高的股东满意度为目的，运用战略预测方法，探求并制造破坏机会。

（2）"破坏的能力"。企业只有建立快速反应和行动的能力，打破现状才不是空想；只有建立出其不意、攻其无备的能力，才能增强破坏的力度。

（3）"破坏的战术"。改变动态竞争中的规则，利用宣示影响竞争对手和客户行为，实施主动进攻的战略攻击举措。

案例 9 - 3

用新 7S 理论分析相机行业

柯达是世界首家综合摄影公司，由于控制了胶卷的生产和冲印，稳稳地控制了美国市场，国内外的竞争者都难以动摇其地位。同时，它利用相机与胶卷的互补特性，以低价的相机销售来促进人们购买更多的胶卷。此外，其利用新 7S 理论赢得对宝丽来的竞争优势。

尽管宝丽来通过开发即时成像相机在技术上赢得了优势，但柯达在 1976 年仍然控制着大约 85% 的照相机市场。

1976 年，柯达向宝丽来宣战，宣布推出自己的即时成像相机，两者正式拉开了一场正面竞争。虽然在与宝丽来公司的诉讼中柯达失去了即时成像相机的生产和销售权，但是柯达胶卷的质量始终领先竞争对手，在市场份额争夺战中击败了宝丽来。

柯达相对宝丽来的优势却不足以抗衡日本的竞争对手。佳能和另外几家日本公司在新兴的 35 毫米自动变焦相机市场成功地向柯达发起了进攻。佳能就是利用新 7S 理论建立了对柯达的优势。

S-1：更高的股东满意度。柯达的不断创新虽然提高了质量、降低了售价，但是佳能 35 毫米相机不仅保持了自动变焦和装卷便利等性能，而且图片质量更佳，使柯达相形见绌。

S-2：战略预测。柯达把供专业人士使用的 35 毫米相机变成了简便经济的大众化相机，其对技术的重要作用没有前瞻性。

S-3：速度。佳能更新产品的速度始终快于柯达。

S-4：出其不意。在推出 35 毫米自动变焦相机之前，柯达没有把佳能这个蝇头小卒放在眼里，而是集中精力与宝丽来争夺市场，这使得佳能的进攻出人意料。

S-5：改变竞争规则。佳能解决了方便装卷、方便拍摄与成像质量难以兼顾的矛盾，改写了游戏规则。

S-6：宣示战略意图。两家公司都发出信号，显示了称雄市场的意图。

S-7：发起持续不断的战略攻击。佳能经营业务广泛，它的行动难以预测；再加上富士等胶卷生产商和冲洗商的竞争，使柯达同时受到多方面攻击。

柯达在此番竞争中失败，佳能和另外几家企业则攫取了35毫米相机的市场。虽然柯达仍继续保有即时成像市场，并且仍是胶卷生产的龙头，但相机市场已被生产35毫米相机的企业夺去了大部分。

【资料来源：学习网，http://www.study365.cn/baike/30013.html】

第三节　网络化

今天与五年前的区别在于，那时信息系统只有有限的功能，它也不决定公司的成败。但今天却完全不是这样。

——威廉·格鲁伯（经济学家）

由于网络技术的进步和普及，网络技术成为企业管理必备的一种工具，甚至有些互联网企业已经进入了依靠网络求生存、求发展的时代。传统企业如果不善用网络技术将不能适应新时代的要求，如何使企业管理网络化已成为当前企业战略管理的发展趋势。

互联网作为新兴技术，可以改变产业结构和发展趋势。企业如果不利用它武装自己，可能会在产业发展的道路上销声匿迹。对于企业来说，互联网不是万能的，但没有它是万万不能的，企业需要了解它、使用它，这就要求企业制定网络发展战略。

在网络化时代，企业不再是你死我活的，而要树立一种双赢的观念。企业之间为了共同的目标，可以与竞争对手合作，与消费者、供应商合作，其目的只有一个：实现双赢，共同发展，联合把"蛋糕"做大。

企业实施网络发展战略，是把互联网作为企业资源，对企业进行网络化经营，维持可持续竞争优势。其最重要的是重建企业价值流程，在企业的订单下达、原材料采购、产品研发、产品生产、售后服务等方面进行网络化构造。

企业在实施网络发展战略时，应注意以下几点：

（1）虚拟化。虚拟化不仅仅是指提供虚拟产品，最重要的是企业应学会虚拟化经营，在虚拟网络下提高管理能力。

（2）个性化。网络时代最大的特征是个性化，顾客可以根据自己的喜好订购产品。同样，企业可以通过提供个性化的产品或服务，吸引顾客，构筑核心竞争力。

（3）相关化。网络可以促进企业与顾客之间的关系，拉近企业与顾客之间的距离。企业通过网络传播广告信息，可以起到事半功倍的作用。对于顾客来说，他们可以有选择性地吸收广告信息，而企业就应当满足顾客对产品信息个性化的需求。这种以顾客为中心的广告传播，促使企业和顾客的交流个性化，有利于企业的市场营销。

（4）直销化。直销是指企业在网络上直接销售产品，这种销售方式建立在顾客满意的基础上。因此，网络直销的成败不仅取决于产品质量，而且取决于网络服务以及网络形象等因素。

在网络化时代，管理网络化是企业发展的趋势。它将会给企业带来机会，但同时也会带来挑战。因此，企业应做好网络化发展战略，以应对将会出现的威胁。

案例 9-4

美国联合包裹运送服务公司（UPS）：从时间管理到信息技术

在快递行业，时间是决定胜负的关键性因素，对美国联合包裹运送服务公司和联邦快递公司这两家公司来说也不例外。20 世纪 80 年代，联合包裹运送服务公司以低技术、劳动密集型卡车运输以及深入的时间管理研究著称。但是到了2006 年，公司意识到了信息技术的重要性，部分原因是联邦快递公司推出的高速隔夜送达快递服务。

为了提高速度，提升竞争力，联合包裹运送服务公司的顾客可以在邮件被提取以前，登陆联合包裹运送服务公司的网页，或者使用公司提供的软件自行准备标签。借助全球卫星定位系统，联合包裹运送服务公司可以非常准确地掌握交货时间。在不久的将来，联合包裹运送服务公司甚至可以按顾客的预约安排配送业务。

【资料来源：百度百科，http://baike.baidu.com/view/832868.html】

★ 本章小结

　　战略管理的发展过程是逐级深化的，经历了奠定基础、昌盛、反思到普遍认可的阶段，这些阶段共同创造了纷繁多样的战略管理理论。随着全球经济一体化的步伐不断加快，企业经营的风险因素逐渐增多，产业边界日益模糊，使得企业难以维持其竞争优势。同时，网络和信息技术也对企业的战略管理产生很大影响。在瞬息万变的环境中，如何赢得企业的竞争优势，是许多企业战略制定者应该深思的问题。在这样的背景环境下，本章主要介绍了战略管理发展的新趋势：一是国际化，二是弹性化及动态化，三是网络化。通过对战略管理趋势的探讨，使企业管理者明白战略管理的未来发展方向。

第十章　战略管理的哲学与艺术

CHAPTER 10

海尔——张瑞敏

海尔，张瑞敏；张瑞敏，海尔。

这两个名词总是联系在一起。张瑞敏，被誉为"亚洲25位最具影响力的商界领袖""全球50位最受尊敬的商业领袖"之一。他管理海尔的思想，被国际众多知名大学写入教学案例，成为企业家们效仿的对象之一。

张瑞敏的成功，在于其把一个亏损企业带到了全球500强的位置，把一个产品制造商变为品牌创造者。这不是化腐朽为神奇的传说，海尔的每一个成长印迹都可以见到张瑞敏卓越管理留下的痕迹。"有缺陷的产品就是废品""优秀的产品是优秀的人干出来的"，"日事日毕、日清日高"的OEC管理模式，"吃休克鱼"的扩张方式，"斜坡球体论"的管理理论，"赛马不相马"的人才选拔机制，"人单合一"的发展模式等，如今都成了企业家们口中的谈资。

管理不仅是一门科学，而且是一门艺术。张瑞敏的管理早已超出了"术"的层面，进入"道"的层面。张瑞敏能联系企业实际，从老子思想中悟到"无"比"有"更重要、"无"生"有"的道理，从而领悟出无为而治的深刻内涵。

究竟是什么使得海尔如此出类拔萃？恰如张瑞敏自己所言："不断地变革创新。"只有通过持续创新，海尔才实现了零库存、零距离、零冗员的目标。

【资料来源：文正欣. 张瑞敏谈战略与管理［M］. 深圳：海天出版社，2011】

───── 案例启示 ─────

战略管理既是一门艺术，又是一门哲学。企业战略的管理过程不能仅仅停留在"术"的层面，应该更进一步到"道"的层面。本章主要介绍战略管理的艺术和哲学，希望能带给读者思想上的启迪。

第一节　企业战略与孙子兵法

以外国人的管理方式，加上中国人的管理哲学，以及保存员工的干劲及热忱，无往而不利。

——李嘉诚（实业家、前华人首富）

企业的战略与孙子兵法有异曲同工之妙，善用孙子兵法可使企业在制定战略时，较少犯错。孙子兵法全书仅有五千九百余字，分为十三篇，虽然每篇内容的侧重点各不相同，但都存在着某种内在关联性。本章将会多处引用孙子兵法，以下仅摘录孙子兵法的部分文章并解释其与企业战略运用的关系。

一、孙子兵法《始计篇》

"故经之以五事，校之以计而索其情：一曰道，二曰天，三曰地，四曰将，五曰法。道者，令民与上同意也，故可与之死，可与之生，而不畏危。天者，阴阳，寒暑，时制也。地者，远近，险易，广狭，死生也。将者，智，信，仁，勇，严也。法者，曲制，官道，主用也。凡此五者，将莫不闻，知之者胜，不知者不胜。"

这段话的意思是：因此，要从五个方面对敌我双方的基本情况进行分析比较。这五个方面分别是政治、天时、地利、将领、法制。政治，就是让民众与君主一条心，因此无论是为君主死，还是为君主生，民众都不会违抗。天时，就是指昼夜、晴雨、寒冬、酷暑等季节气候的变化。地利，就是指路程远近、地势危险和平坦、战地宽阔和狭窄、有利和有害的地形条件。将领，就是指将领需具备智谋、诚信、仁慈、勇敢和严明等品格。法制，就是指军队的组织编制、将吏的管理、军需的供应等。以上五项，是每个将领都必须知道的。熟谙所述五项就能打胜仗，不了解这五项就会打败仗。

企业战略运用：

（1）机会、威胁、优势、劣势、行业竞争和竞争对手分析。

（2）资源、能力与核心竞争力。

（3）公司治理结构。

二、孙子兵法《谋攻篇》

（一）知胜之道

"故知胜有五：知可以战与不可以战者胜，识众寡之用者胜，上下同欲者胜，以虞待不虞者胜，将能而君不御者胜。此五者，知胜之道也。"

原文的意思是这样的：在下述五种情况下，可以预见胜利。能看清当前形势，准确判断仗能不能打的，能获胜；熟悉敌我双方兵力对比情况并采取有效应对措施的，能获胜；全军上下同仇敌忾、万众一心的，能获胜；做好充分准备应对松懈懒散的敌方的，能获胜；将领胜任力强而君主又不加干预的，能获胜。这五条，就是预见胜利的基本方法。

企业战略运用：

（1）战略领导力。

（2）公司层战略与业务层战略。

（3）公司治理结构。

（二）知彼知己

"故曰：知彼知己，百战不殆；不知彼而知己，一胜一负；不知彼，不知己，每战必败。"

原文的意思是这样的：所以说，既了解对方也了解自己，才能身经百战都不会有危险；不了解对方但了解自己，胜负的概率各半；既不了解对方又不了解自己，那每次作战都会面临危机。

企业战略运用：

（1）机会、威胁、优势、劣势、行业竞争和竞争对手分析。

（2）资源、能力与核心竞争力。

（三）用兵之法

"故用兵之法，十则围之，五则攻之，倍则分之，敌则能战之，少则能逃之，不若则能避之。故小敌之坚，大敌之擒也。"

原文的意思是这样的：所以作战法则应是这样的，我方兵力是敌方的十倍，就实施围歼；是敌方的五倍，就实施进攻；是敌方的两倍，则设法分散敌方兵力以各个击破之；势均力敌，就要设法战胜敌军；兵力弱于敌人，就要摆脱敌人；实力不如敌人，就要避免作战。因此，弱小的一方若死拼固守，就会成为强大敌人的俘虏。

企业战略运用：

企业的竞争策略。

三、孙子兵法《九变篇》

"故用兵之法，无恃其不来，恃吾有以待也；无恃其不攻，恃吾有所不可攻也。"

原文的意思是这样的：所以指挥作战的法则是不要寄希望于敌人不来袭击，而要依靠自己做好充分准备等待他；不要寄希望于敌人不发动攻击，而要依靠自己具备坚不可摧的实力，使敌人不敢发动攻击。

企业战略运用：

（1）企业的竞争策略。

（2）战略灵活性。

四、孙子兵法《作战篇》

"善用兵者，役不再籍，粮不三载，取用于国，因粮于敌，故军食可足也。"

原文的意思是这样的：善于用兵打仗的人，只会征兵一次，不会反复征兵，也不多次运送军粮，武器装备由国内供给，粮食饲料从敌人那里缴获。这样，军队就能保证充足的粮食供给了。

企业战略运用：

（1）企业国际化策略、并购与重组策略及合作策略。

（2）总公司及事业部的人力资源策略、资产采购策略。

本章将探讨"生存中求发展"及"发展中求生存"的管理哲学与"最好的"与"最适合的"的管理哲学。在生存中求发展，并不是说将发展置之不理，而是企业先找到盈利的经营模式，然后在资源充足的情况下求发展，这是对发展负责任，对所有利益相关者负责任。在发展中求生存，不应理解为对企业的盈利置之不理，而是企业已经确认唯有求发展才能生存，所以在一定的时间段里必须将盈利放在企业的发展目标之后。其实生存与发展是一体两面，生存必须建立在可持续发展的基础上，而发展也必须建立在为了长久生存的基础上。在决定企业是先求生存或是先求发展的策略时，最重要的是知己知彼，就如同孙子兵法《谋攻篇》所提到的："知己知彼，百战不殆。"要将"知己知彼"原则落实到企业的战略上，同时需要运用到孙子兵法《始计篇》中的"五事"及孙子兵法《谋攻篇》的"知胜有五"。

第二节　"生存中求发展"与"发展中求生存"

我们目下的当务之急，是：一要生存，二要温饱，三要发展。苟有阻碍这前途者，无论是古是今，是人是鬼，是《三坟五典》，百宋千元，天球河图，金人玉佛，祖传丸散，秘制膏丹，全都踏倒他。

——鲁迅（文学家、思想家）

俗话说："留得青山在，不怕没柴烧。"有竞争优势的企业只要能生存下来，就会有发展的机会。"生存中求发展"其实是经过审慎评估企业目前的状况及竞争对手的情形下制定的策略。很多企业在仅仅了解自己，不了解竞争对手或者两者都不了解的情况之下，贸然地扩张规模或实施并购，造成了企业的失败，这是相当可惜的事情。沃尔玛公司能够在美国的零售业成功突围，与其初期"生存中求发展"的策略有相当大的关系。沃尔玛初期的店面大部分都设在小镇上，这基本避开了强大的竞争对手。之后在创办人山姆·沃尔顿的远见下，发展资源、能力及核心竞争力，取得了行业的超额利润，并在小镇上快速扩张，开始往城市进军及实施国际化战略，从而造就了一个零售帝国。"发展中求生存"也是经过审慎评估企业目前的状况、行业环境及总体环境的情况下才制定的策略。很多通信行业及高科技行业，因为规模因素及庞大的资本支出制约其损益，使得其在短时间需占领市场后才能获得利润，所以需将发展置于生存之上，长远来看其实是为了求生存。

本节"生存中求发展"与"发展中求生存"的管理哲学将围绕在"知己知彼"及"五事"的原则下，说明企业如何选择合适的战略。

一、"天时、地利、人和"的管理哲学

"五事"指的是政治、天时、地利、将领、法制。在企业里，我们将其重组为：天时（五事之天时）、地利（五事之地利）、人和（五事之政治、将领及法制）。在哪些天时、地利与人和的情况下，企业选择"生存中求发展"或"发展中求生存"的战略呢？

（一）"天时、地利、人和"与企业的关系

1. 天时

在孙子兵法中，"天时"就是指昼夜、晴雨、寒冬、酷暑等季节气候的变化。在企业里，我们将昼夜、晴雨、寒冬、酷暑理解为行业的环境及总体环境，也就是指行业的机会、威胁、优势、劣势、行业竞争和竞争对手强弱及总体经济运行的状况。

2. 地利

在孙子兵法中，"地利"就是指路途的远与近、地势的险要或平坦、战地的广阔和狭窄、有利和有害的地形条件。在企业里，我们将地利理解为企业与所有利益相关者的互动，包含了彼此之间的距离、彼此之间的合作与竞争程度。

3. 人和

人和包含了五事之政治、将领及法制。在孙子兵法里"政治"就是让民众与君主的意愿保持一致，因此让民众为君主死、为君主生，而不存二心。"将领"就是指智谋、诚信、仁慈、勇敢、严明。"法制"就是指军队的组织编制、

将吏的管理、军需的掌管。在企业里，我们将人和理解为公司治理结构及企业的人力资源管理。

（二）"天时、地利、人和"与策略制定

企业如果能根据其天时、地利、人和来制定战略，将能使企业发挥更大的竞争优势。企业如何运用天时、地利、人和来制定"生存中求发展"或"发展中求生存"的策略呢？

我们将用以下几个指标评估企业该采取"生存中求发展"或"发展中求生存"的策略：

（1）品质：包括了产品品质及服务品质。

（2）成本：提供的产品或服务所包含的与之相关的所有直接和间接支出。

（3）交货期：从接受客户订单或服务到交货给顾客或完成顾客指定服务的这段时间。

（4）柔性化：客户提出要求后，给予反馈的速度。

（5）资产储备：企业规模、现金及人才。

一家成功的企业一定是具备上述 5 项中 2～3 项企业优势的，但是继续扩大发展的前提是一定要配合"天时、地利、人和"。本节将讨论"天时、地利、人和"VS"生存中求发展"及"天时、地利、人和"VS"发展中求生存"。

1．"天时、地利、人和"VS"生存中求发展"

企业能够在竞争的环境中生存下来一定是企业的品质在行业中处于中上的水平，或者企业的成本在行业中低于大多数的竞争对手，或者企业能够达成顾客的交货期，或者企业能够回应多变的客户并满足其需求（柔性化），或者企业拥有规模优势、强大的现金流及储备充足的人才。也可以说，品质、成本、交货期、柔性化及资产储备是企业生存的基本条件，而"天时、地利及人和"是企业发展的时机。在企业尚未成为品质、成本、交货期及柔性化中的 1～2 项因素的领先者时，扩张的风险性较高，此时企业应采取守势，即采取"生存中求发展"的策略。等到其在品质、成本、交货期及柔性化中的 1～2 项中成为行业领先者时，企业再配合资产储备及"天时、地利、人和"的时机扩张。

（1）"天时"VS"生存中求发展"。

当企业本身的体质与竞争对手相比较并没有明显的 1～2 项优势，尤其在资产储备并不充分的情况下，无论总体经济如何地好，企业都应该采取守势以求壮大再谋发展。很多企业看到了所处行业的欣欣向荣，就盲目地扩张，也不考虑企业本身的体质，到头来只是白忙一场。企业必须了解自己、了解环境。"天时"可以说是大好的机会，总是留给有准备的企业。

（2）"地利"VS"生存中求发展"。

企业与所有利益相关者的互动、彼此之间的距离、彼此之间的合作与竞争程度也影响着企业的战略。当企业拥有了地利之便，也就意味着其获得生产资源或销售其产品或服务时，比其他竞争对手更有优势，这是其所处地理环境带给企业的先天优势。企业在这种情况之下是否应该急速扩张占领市场呢？大部分企业肯定会这样做的，但是能够成功的企业一定会考虑品质、成本、交货期、柔性化、资产储备中是否有 2 ~ 3 项为其竞争优势。当企业要发挥其地利之便时，千万不要忘了消费者的感受，否则当强大的竞争对手进入之时，消费者必定会以其行动告诉企业："Bye Bye。"如果企业的产品或服务能让消费者有"物超所值"的感受，就应该发挥地利之便尽快扩张；如果企业尚未达到让消费者有"物超所值"感受的境界，最好的战略还是"生存中求发展"。

（3）"人和" VS "生存中求发展"。

公司治理结构及企业的人力资源管理也会影响企业的战略。在《牛津管理评论》中，有这样一个哲学小故事：

有七个人曾经住在一起，每天分一大桶粥，可要命的是，粥每天都是不够的。一开始，他们抓阄决定谁来分粥，每天轮一个。于是乎一周下来，他们只有在自己分粥的那天才是饱的。后来他们开始推选出一个道德高尚的人出来分粥，可是确立强权就会滋生腐败。大家开始想方设法地去讨好他、贿赂他，搞得整个小团体毫无秩序可言。之后大家开始组成三人的分粥委员会及四人的评选委员会，但大家还是互相攻击，粥喝到嘴里全是凉的。最后大家集思广益，想出一个方法：轮流分粥，但分粥的人要等其他人都挑完后拿剩下的最后一碗。为了不让自己吃到最少的，每人都尽量分得平均，就算不平均，也只能认了。之后，大家和睦相处，日子越过越好。

人并没有更换，还是那七个人，但分配制度不同，就形成了不同的风气。由此可联想到现实中的企业，若一个企业的风气不好，一定是机制出现问题，一定是没有做到公平、公正、公开，没有建立一套严格的奖罚制度。而如何制定一套健全完善的制度，是每个企业管理者都需要考虑的问题。

由上述的小故事，我们可以清楚地看出，治理结构及制度影响着企业员工的作业习性。人力资源的储备也同样会影响着企业的发展。当企业有着人和的优势，也就是其公司治理结构及企业的人力资源储备优于其竞争对手时，就是企业可持续发展的契机。相反地，如果公司治理结构及企业的人力资源储备劣于其竞争对手，那么企业应该以"生存中求发展"为其短期战略。

2. "天时、地利、人和" VS "发展中求生存"

企业已经具备了品质、成本、交货期、柔性化中的 1 ~ 2 项，成为行业中的领先者，这时扩张的风险性较低，也就是企业已经构成了扩张的基本条件。此时应评估扩张的目的及资产储备的情形，再决定扩张的规模及时机。企业千万不要只是为了规模而扩张，而要在扩张规模的同时达到其设定的目标，这才是所谓的"发展中求生存"，也就是企业强化其竞争优势或再造一个竞争优势。

（1）"天时"VS"发展中求生存"。

"天助自助者。"当机会来临的时候，能抓住机会不是一件容易的事，并且既能抓住又能够善用机会的成功者更是少之又少。每一个行业都有其周期，从长远来看，现在规模大的企业不一定就是成功者，竞争优势具有可持续性的企业才是成功者。当企业本身的体质与竞争对手比较有明显的 1 ~ 2 项优势时，企业就是一个"自助"者，机会来临就是"天助我也"。所谓"发展中求生存"的天时并不是特定的行业繁荣周期或是特定的行业衰退周期，而是在于：企业本身准备好了没有？资产储备足够了没有？强化其竞争优势或再造一个竞争优势的目标明确了没有？如果上述三项都很明确，机会来临时，企业就应该把握住，量力而行地扩张。

（2）"地利"VS"发展中求生存"。

企业与所有利益相关者的互动、彼此之间的距离、彼此之间的合作与竞争程度也影响着企业的战略。当企业与其竞争对手相比，拥有了地利之便时，就更应该强化其竞争优势，并等待"天时"及"人和"以配合扩张。

（3）"人和"VS"发展中求生存"。

观念影响着态度，态度影响着行为。公司治理结构是将公司想要成为怎样的一家公司的理想及观念植入公司治理架构中并贯彻执行。有很多企业设立了自己的愿景，但是企业的某些做法无法展现其愿景，这会让员工对企业的信任度打折扣，无法使"人和"发挥至较高的境界。当公司治理结构及其衍生的管理结构及制度获得大部分员工的认可时，上下一心，就可接近"人和"的境界。"人和"是公司发展的基础。但是，随着公司规模的扩大又会产生新的问题，需要修改公司治理结构及其衍生的管理结构及制度，方能维持企业的"人和"。有了"人和"后，如能配合"天时"及"地利"，企业将站在行业的制高点。如果企业本身的体质有 1 ~ 2 项在行业中处于领先地位，则企业应制定"发展中求生存"的战略为企业的永续生存而努力。

二、知己知彼的管理哲学

企业的战略究竟是"生存中求发展"还是"发展中求生存"其实并不重要，最重要的是"知己知彼"。"知己"是了解企业自己的竞争优势，"知彼"是了解竞争对手相较于自己的竞争优势及竞争劣势。知彼不容易，但是知己更难。大部分的企业会拿自己过去成功的案例来衡量未来的规划,这是一个最简单的方法,但其前提是必须考虑时空背景。时空背景通常会影响企业战略的成败。时空背景也就是我们所谓的外部环境(总体环境、行业环境及竞争环境)及内部环境(资源、能力及核心竞争力)。"知己知彼"的核心意义就是掌握主动权,通过真正了解企业本身及竞争对手的优势及劣势,从而利用自己的优势应对竞争对手的挑战,扬长避短以求得企业的持久发展。

(一)知胜有五

1. 知可以战与不可以战

企业必须要能判断是暂时回避还是直接面对与竞争对手之间的竞争,也就是企业需"知己知彼",根据企业本身及竞争对手的优势及劣势制定战略。

2. 识众寡之用

企业需衡量自己与竞争对手的规模、彼此的资源、能力及核心竞争力,并据此来制定战略。

3. 上下同欲

企业上下对企业目标一致认同,同心协力。

4. 以虞待不虞

企业与竞争对手的竞争需要有充分准备,也就是企业是依靠何种竞争优势比竞争对手争取到更多的同类消费者。

5. 将能而君不御

企业储备的人力资源是否充足且称职?对于称职的主管,就充分授权给他。

(二)竞争原则

1. 十则围之

当企业的规模远大于竞争对手,或技术水平远高于竞争对手,或成本远低于竞争对手,或品质远高于竞争对手时,就应该对竞争对手实施围歼战略,让其放弃与企业竞争相同的市场。

2. 五则攻之

当企业的规模高于竞争对手的两倍以上,或技术水平高于竞争对手,或成本低于竞争对手,或品质高于竞争对手时,对竞争对手应采取进攻的策略,包括价格战、塑造品牌形象战略等,让竞争对手感受压力而退出与企业相同的竞争市场。

3. 倍则分之

当企业的规模大约是竞争对手的两倍,或技术水平略高于竞争对手,或成本略低于竞争对手,或品质略高于竞争对手时,则应集中资源设法将竞争对手的各个区域的市场分散,分别击破,让竞争对手与企业的差距越来越大。

4. 敌则能战之

当企业在规模、技术水平、成本、品质等方面均与竞争对手相当时,无论竞争对手采取何种竞争策略，企业都要积极响应，必要情况下自己应主动采用竞争策略。

5. 少则能逃之，不若则能避之

当企业的规模小于竞争对手，技术水平低于竞争对手，成本高于竞争对手，品质也低于竞争对手时，企业应该避免与主要竞争对手争夺市场，转而开发竞争对手在短期内不会进入的市场，同时提高企业的技术水平、品质水平及成本水平，以期壮大之后再与竞争对手展开竞争。

6. 无恃其不来，恃吾有以待也；无恃其不攻，恃吾有所不可攻也

不要寄期望于竞争对手不发动价格竞争、服务竞争或品质竞争，而要依靠企业本身做好充分准备。也就是说，企业自身具备强大实力，使竞争对手不敢发动攻击。企业越壮大越要保持危机意识，不断地追求进步，才能在行业保持领先的地位。

第三节　"最好的" 与 "最适合的"

最好的，不一定是最适合的；最适合的，才是真正最好的。

——佚名

"最好的"是企业的长期目标，"最适合的"是企业的中短期目标。企业千万不要把"最好的"与"最适合的"本末倒置。但是在制定"最适合的"战略时，需要考虑企业未来"最好的"战略，同时需要记住的是，"最好的"战略是随着时空背景的变化而变化的。

企业如何制定"最适合的"战略呢？回到前面所谈到的就是要知己知彼。企业必须了解本身相较于竞争对手的优势与劣势，以及行业的机会与威胁，才能制定最适合企业的战略。企业应该依据其资源、能力与核心竞争力发展出自己的竞争优势，在知己知彼的情况下制定最适合企业的战略。

一、"物超所值" 战略

"物超所值"战略谈的是企业整合成本、品质、交货期及柔性化的竞争优势，让消费者在购买了企业的产品或服务后的综合满意度高于企业的竞争对手。但是，企业必须了解一件事，即企业无法在成本、品质、交货期及柔性化等

方面完全都领先竞争对手，因此就必须有优先次序并锁定目标消费者，发挥企业的优势，并在锁定消费者之后将劣势降至最低，这就是最适合企业的战略，也就是我们所谓的"物超所值"战略。

二、"资源合理分配"战略

企业当前的资源分配能够左右企业未来的发展。很多企业做决策时的想法非常简单：目前做这个项目可以获得高利润，而企业也有剩余的资源，所以就投资这个项目。其实这并不是资源分配的最好方法，因为机会也常常伴随着风险；在分配资源时必须先想到企业的核心竞争力、行业未来的趋势及企业长期的战略目标，再决定是否将资源分配到这个领域。分配资源不仅是企业的难题，而且困扰着每个家庭、每个国家。企业能扬长避短地进行合理的资源分配，就是最适合企业的战略。

三、"永续生存"战略

当冰川时代来临时，能存活下来的动植物就是那些能适应环境且需求较小的动植物。企业何尝不是如此呢？企业追求永续生存的首要条件是寻找适合自己的获利模式。很多企业还没有找到其获利模式就积极地扩张规模，总是认为规模扩大之后，采购成本必定降下来，间接人工成本必定降下来，但事实可能是这些费用和成本的确降下来了，企业却丧失了竞争能力。因为采购成本及间接人工成本下降的幅度远远比不上竞争对手扩张同样规模所降下来的采购成本及间接人工成本，所以企业对于其竞争对手还是等同于没有竞争能力。企业的获利模式是由企业各个环节累积而成的，这并不意味着目前的获利模式就是企业要找的获利模式。在经过激烈的竞争之后存活下来的企业，其运营模式还能获利，这才是真正的获利模式。也就是在供给大于需求的情况下，还能获利的企业才算找到其获利模式，企业才跨进了"永续生存"的第一步。需要注意的是，企业在寻求获利模式的过程中，千万不要忽略道德和社会责任，因为道德和社会责任同样制约着企业的永续生存。

四、合适的管理模式及"扬长避短"的战略

（一）合适的管理模式

企业规模、国家和民族、行业差别，三者与管理模式有着密切的关系。企业

在学习标杆企业的管理模式时，一定不可以忽略这三项因素。

1. 企业规模

企业的规模制约着管理模式。小企业以求生存为主要目标，所以其竞争优势就是要灵活，对市场的反应要快。中型企业视其行业的情形，如行业尚处于需求大于供给，或者是供给大于需求的状态，依照其竞争优势选择管理模式。大型企业一般的管理模式是合规经营，符合有关行业的规定。

2. 国家和民族

肯德基为中国而变，宝洁通过调研促进产品创新等例子都是为了适应不同国家的当地市场。谁能更快地适应及满足市场的需求，谁就能比他人先占领市场。中国、日本及美国的管理模式大部分也依照其民族习性的"情、理、法"。因此，企业需要"入境随俗"，参考不同国家的风俗及消费者的习惯调整自己的管理模式。

3. 行业差别

需要创新的行业，通常其管理模式会偏向于人性化管理，而利润较低的行业通常会强调成本控制。

(二)"扬长避短"的战略

企业应该了解自身的优势及劣势（知己知彼）并依据其资源、能力与核心竞争力发展自己的竞争优势，并善用"天时、地利及人和"将自己的优势尽量发挥，将自己劣势的影响降至最低。例如，若大型企业对小型企业发动价格战，则小型企业应该先衡量自己的优势及劣势，再决定是否跟进价格战，或者以其他的竞争战略予以回应，一定要发挥自身相对大型企业而言的灵活优势。

有些企业的优势在于因规模较大而产生的成本优势，有些企业的品质（如技术、服务或产品综合品质）领先于同行，有的企业的生产周期较为快速，有的企业的应变能力较强。一个企业，不管它的优势在哪些方面，都一定要善用自己的优势，并将其与市场结合在一起，用市场的区隔将劣势的影响降到最低。

家家有本难念的经，企业也是一样，每个企业都有其长处及短处。例如沃尔玛商场的销售规模在其行业是领先者，但是其"天天平价"这一在美国成功的策略在中国就无法发挥优势，原因在于其管理模式制约了商品变价的速度。在中国，很多中小企业零售商一大早到沃尔玛商场抄了其"天天平价"的商品价格，回到自己商场之后立刻将同类商品的价格变得比沃尔玛商场的销售价格还低，所以沃尔玛商场"天天平价"的策略在消费者的心中大打折扣。这个例子告诉我们，企业规模增大，其灵活性就会降低。大企业如果将其灵活度放宽，会因为管理模式无法复制而导致成本增加，从而无法发挥规模优势。

五、"愿景"战略

企业有责任和义务让自己的员工了解企业将来要往哪一个方向发展,员工也要配合企业的发展来充实自己。不仅企业要有愿景,员工也要有愿景,员工的愿景是依附在企业的愿景之下的。企业和员工的愿景都要在现况的基础上合理、有难度地增长。因此,当企业的愿景达成时,员工的愿景也大部分都能如愿;企业又可以在此愿景的基础上,规划和发展新的愿景。

很多企业设立了企业的愿景,但并没有设立员工的愿景。其中的原因可能是员工数量太多,无法一一设立愿景,但是最起码要与中高层员工共同设立中高层员工的愿景。否则,一群统帅知道为谁而战,却不知道为何而战,从而无法发挥"人和"的最大功效。因此,最合适的战略必须考虑员工长期发展的因素。

★ 本章小结

企业战略管理哲学最重要的事情就是"知己知彼"。"知己"是了解企业自己的竞争优势,"知彼"是了解竞争对手相较于自己的竞争优势及竞争劣势。同时以自己的竞争优势配合"天时,地利,人和"。善用知胜之道:"知可以战与不可以战者胜,识众寡之用者胜,上下同欲者胜,以虞待不虞者胜,将能而君不御者胜。此五者,知胜之道也。"选择适当的竞争原则:"故用兵之法,十则围之,五则攻之,倍则分之,敌则能战之,少则能逃之,不若则能避之。"及"无恃其不来,恃吾有以待也;无恃其不攻,恃吾有所不可攻也。"选择适合企业的战略:"物超所值"战略、"资源合理分配"战略、"永续生存"战略、"扬长避短"战略,并选择合适的管理模式与员工构筑共同相关的愿景。在企业不断壮大的同时,更要重视企业道德及社会责任,这样才能构筑合理、合适及和谐的个体、企业和社会。

参考文献

[1] 褚彦坡. 论秦国的外交战略思想 [D]. 开封：河南大学，2006.

[2] 陈寿. 三国志 [M]. 北京：中华书局，2007.

[3] 杰弗里·S. 哈里森，卡伦·H. 圣约翰. 战略管理精要 [M]. 陈继祥，等译. 沈阳：东北财经大学出版社，2006.

[4] C. W. L. 希尔，G. R. 琼斯，周长辉. 战略管理 [M]. 孙忠，译. 北京：中国市场出版社，2007.

[5] 杰伊·B. 巴尼，威廉·S. 赫斯特里. 战略管理 [M]. 李新春，张书军，译. 北京：机械工业出版社，2010.

[6] 何海燕，杨万荣. 战略管理 [M]. 北京：北京理工大学出版社，2009.

[7] 李瀛寰. 联想欲用三年时间成为全球 PC 第一　柳传志交班　杨元庆"二进宫"[J]. 时代周报，2011（44）.

[8] 林辉. "百丽国际"：赢在纵向一体化模式 [J]. 企业科技与发展，2009（7）：22 - 23.

[9] 白宏利. 平衡计分卡在邮政企业绩效考核中的应用 [J]. 北方经济，2006（18）：77 - 78.

[10] 中兴通讯股份有限公司. 中兴通讯的国际化之路 [J]. 世界电信，2005（5）：48 - 49.

[11] 文正欣. 张瑞敏谈战略与管理 [M]. 深圳：海天出版社，2011.

[12] 迈克尔·波特. 竞争战略 [M]. 陈小悦，译. 北京：华夏出版社，2005.

[13] 小阿瑟·A. 汤普森，约翰·E. 甘布尔，A. J. 斯特里克兰三世. 战略管理：获取竞争优势 [M]. 蓝海森，李卫宁，黄嫚丽，等译. 北京：机械工业出版社，2006.

[14] J. 戴维·亨格，托马斯·L. 惠伦. 战略管理精要 [M]. 王毅，应瑛，译. 北京：电子工业出版社，2002.

[15] 邹昭晞. 企业战略分析 [M]. 北京：经济管理出版社，2001.

[16] KOCH R. FT guide to strategy：how to create and deliver a winning strategy [M]. 3rd ed. London：Financial Times Press，2009.

[17] 玛丽·库尔特. 战略管理：实践导向 [M]. 杨坤，等译. 北京：电子工业出版社，2009.

[18] 加斯·塞隆纳，安德里·谢帕德，乔埃尔·波多尼. 战略管理 [M]. 王

迎军，汪建新，译. 北京：机械工业出版社，2004.

[19] 亚历克斯·米勒. 战略管理 [M]. 何瑛，等译. 北京：经济管理出版社，2004.

[20] 托马斯·L. 惠伦，J. 戴维·亨格. 战略管理与企业政策 [M]. 8 版. 王玉，译. 北京：清华大学出版社，2005.

[21] 斯蒂芬·P. 罗宾斯，玛丽·库尔特. 管理学 [M]. 7 版. 孙健敏，等译. 北京：中国人民大学出版社，2004.

[22] 弗雷德·R. 大卫. 战略管理：概念部分 [M]. 11 版. 李青，译. 北京：清华大学出版社，2008.

[23] 李玉刚. 战略管理 [M]. 北京：科学出版社，2005.

[24] 赫连志巍，张敬伟，王立国. 企业战略管理 [M]. 北京：机械工业出版社，2005.

[25] 邵一明. 战略管理 [M]. 北京：中国人民大学出版社，2009.

[26] 彼得·德鲁克. 管理实践 [M]. 毛忠明，等译. 上海：上海译文出版社，1999.

[27] 吴维库. 企业竞争力提升战略 [M]. 北京：清华大学出版社，2002.

[28] 帕特里克·A. 高根. 兼并、收购和公司重组 [M]. 4 版. 顾苏秦，李朝晖，译. 北京：中国人民大学出版社，2010.

[29] 韩伯棠，张平淡. 战略管理 [M]. 北京：高等教育出版社，2004.

[30] 丁宁，穆志强. 企业战略管理 [M]. 北京：清华大学出版社，2005.

[31] 约翰·A. 皮尔斯二世，小理查德·B. 鲁滨逊. 战略管理：制定、实施与控制 [M]. 8 版. 王丹，高玉环，史剑新，译. 北京：中国人民大学出版社，2005.

[32] 李善民，林丹明，曾楚宏. 公司战略管理 [M]. 北京：中国人民大学出版社，2004.

[33] 王健民. 孙子兵法 [M]. 哈尔滨：北方文艺出版社，2007.

[34] 葛伟. 孙子兵法智慧全书 [M]. 北京：中国城市出版社，2008.

[35] 黄旭. 战略管理：思维与要径 [M]. 北京：机械工业出版社，2007.

[36] 黄淳. 产品生命周期与公司预算管理模式 [J]. 科技咨询，2005（24）：175 – 176.

[37] 黄丹，余颖. 战略管理：研究注记·案例 [M]. 北京：清华大学出版社，2009.